Gatuaj shpejt dhe thjeshtë me mikrovala

Receta të shpejta dhe të shijshme në kuzhinën tënde

Eni Xhafa

Përmbajtja

Supë italiane me patate *14*
Supë me domate të freskëta dhe selino *15*
Supë me domate me salcë avokado *16*
Supë me djathë të ftohtë dhe qepë *17*
Supë me djathë të stilit zviceran *18*
Supë Avgolemono *19*
Supë krem me kastravec me pastis *20*
Supë me kerri me oriz *21*
Vichyssoise *22*
Supë me kastravec të ftohtë me kos *23*
Supë me spinaq të ftohtë me kos *24*
Supë me domate të ftohtë me sherri *25*
Nju Angli Fish Chowder *26*
Supë me gaforre *27*
Supë me gaforre dhe limon *28*
Bisque karavidhe *28*
Paketa Supë e tharë *28*
Supë e kondensuar e konservuar *29*
Ngrohja e supave *29*
Ngrohja e vezëve për gatim *29*
Vezë të ziera *30*
Vezë të skuqura (Mbretëri). *31*

Piperade *32*
Piperade me Gamon *33*
Piperada *33*
vezë fiorentine *34*
Vezë e zier Rossini *35*
Përleshje me vezë me patëllxhan *35*
Omëletë klasike *37*
Omëleta me aromë *38*
Omëletë për mëngjes *39*
Vezë të ziera me djathë të shkrirë *40*
Vezë Benedikti *40*
Arnold Bennett Omelette *41*
Tortilla *42*
Omëletë spanjolle me perime të përziera *43*
Omëletë me proshutë spanjolle *44*
Djathë me vezë në salcë selino *44*
Vezë Fu Yung *45*
Omëletë picash *46*
Omëletë sufle *47*
Omëletë me sufle limoni *48*
Omëletë me sufle portokalli *48*
Sufle omëletë me bajame dhe kajsi *48*
Sufle me mjedër omëletë *48*
Omëletë me sufle luleshtrydhe *49*
Omeletë sufle me mbushje *49*
Vezë të pjekura me krem *50*
Vezë e pjekur napolitane *50*

Fondue djathi *51*

Fondue me Sider *52*

Fondue me lëng molle *52*

Fondue rozë *53*

Fondue e tymosur *53*

Fondue e birrës gjermane *53*

Fondue me zjarr *54*

Kuron fondue *54*

Fondue *54*

Mock Cheese dhe Domate Fondue *54*

Fondue djathi *56*

Fondue me Sider *57*

Fondue me lëng molle *57*

Fondue rozë *57*

Fondue e tymosur *58*

Fondue e birrës gjermane *58*

Fondue me zjarr *58*

Kuron fondue *58*

Fondue *59*

Mock Cheese dhe Domate Fondue *59*

Mock Cheese dhe Celery Fondue *60*

Djathë Italian, Krem dhe Fondue me Vezë *61*

Fondju holandeze në fermë *62*

Shtëpi në fermë Fondue me një goditje *63*

Vezë të pjekura në stilin Flamenco *64*

Djathë me bukë dhe gjalpë dhe puding me majdanoz *65*

Djathë me bukë dhe gjalpë dhe puding me majdanoz me arra shqeme 66
Puding me bukë dhe gjalpë me katër djathëra 66
Crumpets djathë dhe vezë 67
Puding me djathë dhe domate përmbys 68
Pica Crumpets.. 69
Xhenxhefil levreku me qepë 70
Paketat e troftës 71
Peshku i shkëlqyer murg me fasule të holla.................................. 72
Karkaleca të shkëlqyera me Mangetout... 73
Normandy Cod me Sider dhe Calvados... 74
Paella e peshkut 76
Harengë e pjekur 78
Moules Marineries... 79
Skumbri me salcë raven dhe rrush të thatë................................... 81
Harengë me salcë molle.. 82
Krap në salcë luftarake... 83
Kajsi Rollmops... 84
Kipper i zier pa leje 85
Karkalecat e Madras 86
Martini Flounder Rolls me salcë 87
Ragu i butakut me arra 89
Hot-pot cod 91
Hot-pot Smoked Cod.. 92
Peshku murg në salcë kremi me limon të artë 92
Tabani në salcë kremi me limon të artë 94
Salmon Hollandaise.. 94

Salmon Hollandezë me koriandër 95

Flake e majonezës së salmonit 96

Salmon i pjekur në skarë në stilin mesdhetar 97

Kedgeree me Curry 98

Kedgeree me salmon të tymosur 99

Kiche Peshku i Tymosur 100

Gumbo e karkalecave të Luizianës 101

Monkfish Gumbo 102

Peshku i përzier Gumbo 102

Troftë me bajame 103

Karkaleca deti provansal 104

Pele në salcë selino me bajame të pjekura 105

Fileto në salcën e domates së borzilokut 106

Fileto në salcë kërpudhash me lakërishtë 106

merluc hashed me vezë të ziera 107

Murriz dhe perime në salcën e mushtit 109

Byrek buzë detit 110

Mbushëse peshku të tymosur 112

Fileto Coley me marmelatë presh dhe limon 113

Peshk deti në një xhaketë 114

Merluci suedez me gjalpë të shkrirë dhe vezë 115

Ushqim deti Stroganoff 116

Tuna i freskët Stroganoff 117

Ragu suprem i peshkut të bardhë 117

Mus salmon 119

Mus salmon dietik 121

Gaforrja Mornay 122

Tuna Mornay *123*

Salmon i kuq Mornay *123*

Kombinimi i ushqimeve të detit dhe arrave *123*

Unazë salmon me kopër *125*

Unaza e perzier e peshkut me majdanoz *126*

Tavë me merluc me proshutë dhe domate *127*

Tenxhere me fileto peshku *128*

PULËN në furrë *131*

Pulë me xham *132*

Pulë Tex-Mex *133*

Pulë kurorëzimi *134*

Pulë Veronique *135*

Pulë në salcë uthull me tarragon *136*

Pulë e pjekur daneze me mbushje majdanoz *137*

Pulë Simla *137*

Pulë pikante me kokos dhe koriandër *138*

Lepur pikant *139*

Gjel deti pikant *139*

Bredie pule me domate *140*

Pulë e kuqe kineze e gatuar *141*

Krahët e pulës aristokratike *142*

Chicken Chow Mein *143*

Pres pule Suey *144*

Pulë kineze e marinuar Express *144*

Pulë Hong Kongu me perime të përziera dhe lakër fasule *145*

Pulë me salcë Golden Dragon *146*

Krahët e pulës me xhenxhefil me marule *147*

Pulë me kokos në Bangkok.. 148
Satay pule... 149
Pulë kikiriku.. 150
Pulë indiane me kos 151
Pulë japoneze me vezë 152
Tavë pule portugeze 153
Tavë pule pikante në stilin anglez... 154
Pulë e komprometuar Tandoori 155
Cheesecake me gjalpë me fruta dhe arra...................................... 157
Tortë me xhenxhefil të konservuar.. 157
Tortë me xhenxhefil me konserva portokalli................................. 158
Tortë me mjaltë me arra 159
Tortë me xhenxhefil me mjaltë 161
Tortë me shurup me xhenxhefil 162
Xhenxhefili tradicional 163
Gingerbread portokalli... 164
Kajsi Kajsi Torte 165
Torte ananasi rum... 166
Një tortë e pasur Krishtlindjesh.. 166
Torte Fast Simnel.. 168
Tortë me fara 169
Tortë e thjeshtë me fruta 171
Torte me hurme dhe arra 172
Tortë Zunanna... 173
Tortë me majdanoz.. 175
Tortë me kungull 175
Tortë skandinave me kardamom.. 176

Bukë me çaj frutash 178
Tortë sanduiç viktoriane 179
Tortë me arra 180
Tortë me karkaleca 181
Tortë e lehtë me çokollatë 182
Tortë me bajame 182
Tortë sanduiç Victoria 182
Pandispanja e tortës së çajit për fidanishte 183
Pandispanja me limon 184
Tortë pandispanje me portokalli 185
Tortë me kafe me ekspres 185
Tortë me kafe Espresso me krem portokalli 186
Torte krem kafeje ekspres 187
Ëmbëlsira me kupë me rrush të thatë 187
Ëmbëlsira me filxhan kokosi 188
Ëmbëlsira me çokollatë 189
Tortë me erëza me banane 189
Tortë me erëza me banane me krem ananasi 190
Krem me gjalpë akullore 191
Krem me krem me çokollatë 191
Pyka për shëndetin e frutave 192
Kajsi Fruta Shëndeti Wedges 193
Bukë e shkurtër 193
Break ekstra crunchy 194
Bukë e shkurtër ekstra e lëmuar 195
Bukë e shkurtër pikante 195
Pemë e shkurtër e stilit holandez 195

Topa kanelle *195*
Snaps rakia e artë *196*
Snaps raki me çokollatë *198*
Scones simite *198*
Scones simite me rrush të thatë *200*
Bukë *200*
Brumë bazë për bukë të bardhë *201*
Brumë bazë për bukë kafe *202*
Brumë bazë për bukë qumështi *202*
Bukë Bap *203*
Bap Rolls *203*
Simite hamburgeri *204*
Rolls Fruta Bap Sweet *204*
Ndarje Cornish *204*
Rrotulla të zbukuruara *205*
Rolls me toppings *205*
Bukë e farës së qimnotit *206*
Bukë thekre *206*
Bukë me vaj *207*
Bukë italiane *207*
bukë spanjolle *207*
Bukë Tikka Masala *208*
Bukë malti me fruta *209*
Bukë irlandeze me sode *211*
Bukë sode me krunde *212*
Për të freskuar bukën e Riqit *212*
pittas greke *212*

Luftëtar i Qershisë në Port 213
Luftëtari i qershisë në musht 214
Ananasi i zier 215
Mulled Sharon Fruit 216
Pjeshkë të ziera 216
Dardhë rozë 217
Puding për Krishtlindje 218
Puding me gjalpë kumbulle 219
Puding me kumbulla me vaj 219
Sufle frutash në gota 220
Puding pothuajse i menjëhershëm i Krishtlindjeve 221

Supë italiane me patate

Shërben 4–5

1 qepë e madhe, e grirë
30 ml/2 lugë gjelle vaj ulliri ose luledielli
4 patate të mëdha
1 kockë e vogël proshutë e gatuar
1,25 litra/2¼ pikë/5½ filxhanë lëng pule të nxehtë
Kripë dhe piper i zi i sapo bluar
60 ml/4 lugë krem i vetëm (i lehtë).
Arrëmyshk i grirë
30 ml/2 lugë majdanoz i grirë

Vendosni qepën dhe vajin në një tas 2,25 litra/4 pt/10 filxhan. Gatuani, pa mbuluar, në shkrirje për 5 minuta, duke e përzier dy herë. Ndërkohë qëroni dhe grijini patatet. Përzieni qepët dhe shtoni kockat e proshutës, lëngun e nxehtë dhe kripë e piper për shije. Mbulojeni me një pjatë dhe gatuajeni plotësisht për 15-20 minuta, duke i përzier dy herë, derisa patatet të jenë të buta. Hidhni kremin, hidheni me lugë në tas supë dhe spërkatni me arrëmyshk dhe majdanoz.

Supë me domate të freskëta dhe selino

Shërben 6–8

900 g/2 lb domate të pjekura, të zbardhura, të qëruara dhe të grira në katër pjesë
50 g/2 oz/¼ filxhan gjalpë ose margarinë ose 30 ml/2 lugë vaj ulliri
2 bishta selino të grira hollë
1 qepë e madhe, e grirë hollë
30 ml/2 lugë gjelle sheqer kafe të errët
5 ml/1 lugë salcë soje
2,5 ml/½ lugë e vogël kripë
300 ml/½ pt/1¼ filxhan ujë të nxehtë
30 ml/2 lugë miell misri
150 ml/¼ pt/2/3 filxhan ujë të ftohtë
Sheri mesatar

Përziejini domatet në një blender ose procesor ushqimi. Vendosni gjalpin, margarinën ose vajin në një enë 1,75 litër/3 pt/7½ filxhan. Nxehtësia e plotë për një minutë. Përzieni selinonë dhe qepën. Mbulojeni me një pjatë dhe gatuajeni plotësisht për 3 minuta. Shtoni pure domatet, sheqerin, salcën e sojës, kripën dhe ngrohni. Mbulojeni si më parë dhe gatuajeni plotësisht për 8 minuta, duke e përzier katër herë. Ndërkohë përziejmë pa probleme miellin e misrit me ujin e ftohtë. Përzieni në supë. Gatuani, pa mbuluar, në Plotë për 8 minuta, duke e përzier katër herë. Hidhni në tas supë dhe shtoni një copë sheri në secilën prej tyre.

Supë me domate me salcë avokado

Shërben 8

2 avokado të pjekura
Lëng nga 1 gëlqere e vogël
1 thelpi hudhër, e shtypur
30 ml/2 lugë gjelle majonezë mustardë
45 ml/3 lugë gjelle krem fraiche
5 ml/1 lugë kripë
Një majë shafran i Indisë
600 ml/20 ml oz/2 kanaçe supë me domate të kondensuar
600 ml/1 pt/2½ filxhanë ujë të nxehtë
2 domate të qëruara, me bërthama, me fara dhe të prera në katër pjesë

Qëroni dhe përgjysmoni avokadon, hiqni gurët (gropat). Shtypni mishin imët, më pas përzieni me lëngun e limonit, hudhrën, majonezën, kremin, kripën dhe shafranin e Indisë. Mbulojeni dhe vendoseni në frigorifer derisa të nevojitet. Hidhni të dy kanaçet e supës në një enë 1,75 litra/3 pt/7½ filxhan. Përziejeni ngadalë në ujë. Pritini mishin e domates në rripa dhe shtoni dy të tretat në supë. Mbulojeni enën me një pjatë dhe gatuajeni në të Plotë për 9 minuta derisa të nxehet shumë, duke e përzier katër ose pesë herë. Hidhni në tas supë dhe shtoni një lugë salcë avokado në secilin. Zbukuroni me rripat e mbetur të domates.

Supë me djathë të ftohtë dhe qepë

Shërben 6–8

25 g/1 oz/2 lugë gjelle gjalpë ose margarinë
2 qepë, të grira
2 bishta selino të grira hollë
30 ml/2 lugë gjelle miell i thjeshtë (për të gjitha qëllimet).
900 ml/1½ pikë/3¾ filxhanë lëng pule ose perimesh të nxehtë
45 ml/3 lugë gjelle verë të bardhë të thatë ose port të bardhë
Kripë dhe piper i zi i sapo bluar
125 g/4 oz/1 filxhan djathë blu, i thërrmuar
125 g/4 oz/1 filxhan djathë çedër, i grirë
150 ml/¼ pt/2/3 filxhan krem për rrahje
Sherebelë e grirë hollë, për ta zbukuruar

Vendosni gjalpin ose margarinën në një enë 2,25 litra/4 pt/10 filxhan. Shkrini, pa mbuluar, në shkrirje për 1½ minutë. Përzieni qepët dhe selinon. Mbulojeni me një pjatë dhe gatuajeni plotësisht për 8 minuta. Hiqeni nga mikrovala. Hidhni miellin, më pas përzieni gradualisht lëngun dhe verën ose portin. Mbulojeni si më parë dhe gatuajeni të plotë për 10-12 minuta, duke e përzier çdo 2-3 minuta, derisa supa të jetë e lëmuar, e trashur dhe e nxehtë. Sezoni sipas shijes. Shtoni djathin dhe përzieni derisa të shkrihet. Mbulojeni dhe lëreni të ftohet, më pas vendoseni në frigorifer për disa orë ose gjatë natës. Përpara se ta servirni, përzieni dhe përzieni kremin ngadalë. Hidhni në gota ose tasa dhe spërkatni secilën lehtë me sherebelë.

Supë me djathë të stilit zviceran

Shërben 6–8

25 g/1 oz/2 lugë gjelle gjalpë ose margarinë
2 qepë, të grira
2 bishta selino të grira hollë
30 ml/2 lugë gjelle miell i thjeshtë (për të gjitha qëllimet).
900 ml/1½ pikë/3¾ filxhanë lëng pule ose perimesh të nxehtë
45 ml/3 lugë gjelle verë të bardhë të thatë ose port të bardhë
5 ml/1 lugë çaji fara qimnon
1 thelpi hudhër, e shtypur
Kripë dhe piper i zi i sapo bluar
225 g/8 oz/2 gota djathë Emmental ose Gruyère (zvicerian), i grirë
150 ml/¼ pt/2/3 filxhan krem për rrahje
Croûtons

Vendosni gjalpin ose margarinën në një enë 2,25 litra/4 pt/10 filxhan. Shkrini, pa mbuluar, në shkrirje për 1½ minutë. Përzieni qepët dhe selinon. Mbulojeni me një pjatë dhe gatuajeni plotësisht për 8 minuta. Hiqeni nga mikrovala. Hidhni miellin, më pas përzieni gradualisht lëngun dhe verën ose portin. Përzieni farat e qimnonit dhe hudhrën. Mbulojeni si më parë dhe gatuajeni plotësisht për 10-12 minuta, duke e përzier çdo 2-3 minuta, derisa supa të jetë e nxehtë, e lëmuar dhe e trashur. Sezoni sipas shijes. Shtoni djathin dhe përzieni derisa të shkrihet. Përzieni kremin. Hidhni në gota ose tasa dhe shërbejeni të nxehtë, të zbukuruar me krutona.

Supë Avgolemono

Shërben 6

1,25 litra/2¼ pikë/5½ filxhanë lëng pule të nxehtë
60 ml/4 lugë gjelle oriz rizoto
Lëng nga 2 limona
2 vezë të mëdha
Kripë dhe piper i zi i sapo bluar

Hidheni lëngun në një enë të thellë 1,75 litra/3 pt/7½ filxhan. Llokoçis orizin. Mbulojeni me një pjatë dhe gatuajeni plotësisht për 20-25 minuta derisa orizi të zbutet. Rrihni së bashku lëngun e limonit dhe vezët në një tas supe ose një pjatë tjetër të madhe për servirje. Butësisht përzieni lëngun dhe orizin. Sezoni sipas shijes para se ta shërbeni.

Supë krem me kastravec me pastis

Shërben 6–8

900 g / 2 lb kastravec, i qëruar
45 ml/3 lugë gjelle gjalpë ose margarinë
30 ml/2 lugë miell misri
600 ml/1 pt/2½ filxhan lëng pule ose perimesh
300 ml/½ pt/1¼ filxhan krem për rrahje
7,5–10 ml/1½–2 lugë kripë
10 ml/2 lugë Pernod ose Ricard (pastis)
Piper i zi i sapo bluar
Kopër e copëtuar (barërat e këqija të koprës)

Pritini kastravecin shumë hollë duke përdorur një rende ose diskun e prerjes së një përpunuesi ushqimi. Vendoseni në një tas, mbulojeni dhe lëreni të qëndrojë për 30 minuta që të largohet pak nga lagështia. Shtrydheni sa më shumë të jetë e mundur në një peshqir të pastër (leckë enësh). Vendosni gjalpin ose margarinën në një enë 2,25 litra/4 pt/10 filxhan. Shkrini, pa mbuluar, në shkrirje për 1½ minutë. Përzieni kastravecat. Mbulojeni me një pjatë dhe gatuajeni plotësisht për 5 minuta, duke e përzier tre herë. Përzieni miellin e misrit me pak lëng, më pas shtoni pjesën tjetër të lëngut. Përziejeni gradualisht kastravecin. Gatuani, pa mbuluar, në Plotë për rreth 8 minuta, duke e përzier tre ose katër herë, derisa supa të jetë e nxehtë, e lëmuar dhe e trashur. Shtojmë kremin, kripën dhe pastën dhe i përziejmë mirë. Ngroheni, pa mbuluar, tërësisht për 1–1½ minuta. Sezoni sipas shijes me piper.

Supë me kerri me oriz

Shërben 6

Një supë pule shumë e lehtë anglo-indiane.

30 ml/2 lugë vaj kikiriku ose luledielli
1 qepë e madhe, e grirë
3 bishta selino të grira hollë
15 ml/1 lugë gjelle pluhur i butë kerri
30 ml/2 lugë sheri mesatare të thatë
1 litër/1¾ pikë/4¼ filxhan lëng pule ose perimesh
125 g/4 oz/½ filxhan oriz të gjatë
5 ml/1 lugë kripë
15 ml/1 lugë gjelle salcë soje
175 g/6 oz/1½ filxhan pule të gatuar, të prerë në rripa
Kos i trashë i thjeshtë ose crème fraîche, për t'u shërbyer

Hidheni vajin në një enë 2,25 litra/4 pt/10 filxhan. Ngroheni, pa mbuluar, e plotë për 1 minutë. Shtoni qepët dhe selinon. Gatuani, pa mbuluar, të plota për 5 minuta, duke e përzier një herë. Përzieni pluhurin e kerit, sherit, lëngun, orizin, kripën dhe salcën e sojës. Mbulojeni me një pjatë dhe gatuajeni plotësisht për 10 minuta, duke e përzier dy herë. Shtoni pulën. Mbulojeni si më parë dhe gatuajeni plotësisht për 6 minuta. Hidhni me lugë në enë dhe sipër secilit me kukulla me kos ose krem.

Vichyssoise

Shërben 6

Një version i freskët në treg i supës me presh dhe patate, i shpikur nga shefi amerikan Louis Diat në fillim të shekullit të njëzetë.

2 presh
350 g/12 oz patate, të qëruara dhe të prera në kubikë
25 g/1 oz/2 lugë gjelle gjalpë ose margarinë
30 ml/2 lugë gjelle ujë
450 ml/¾ pt/2 gota qumësht
15 ml/1 lugë miell misri
150 ml/¼ pt/2/3 filxhan ujë të ftohtë
2,5 ml/½ lugë e vogël kripë
150 ml/¼ pt/2/3 filxhan 1 krem (i lehtë).
Qiqra të grira, për zbukurim

Pritini preshin, prisni pjesën më të madhe të pjesës së gjelbër. Pritini pjesën tjetër dhe lani mirë. Një pjesë e trashë. Vendoseni në një enë 2 litra/3½ pt/8½ filxhan me patatet, gjalpin ose margarinë dhe ujë. Mbulojeni me një pjatë dhe gatuajeni plotësisht për 12 minuta, duke e përzier katër herë. Transferoni në një blender, shtoni qumështin dhe përpunoni në një pure. Kthehuni në pjatë. Miellin e misrit e përziejmë pa probleme me ujin dhe e shtojmë në gjellë. Spërkatini sipas shijes me kripë. Gatuani, pa mbuluar, plot për 6 minuta, duke e rrahur çdo minutë. Lëreni të ftohet. Përzieni kremin. Mbulojeni dhe ftoheni plotësisht. Hidhni në enë dhe spërkatni secilën pjesë me qiqra.

Supë me kastravec të ftohtë me kos

Shërben 6–8

25 g/1 oz/2 lugë gjelle gjalpë ose margarinë
1 thelpi i madh hudhre
1 kastravec i qëruar dhe i grirë në rende trashë
600 ml/1 pt/2½ filxhanë kos të thjeshtë
300 ml/½ pt/1¼ filxhan qumësht
150 ml/¼ pt/2/3 filxhan ujë të ftohtë
2,5–10 ml/½–2 lugë kripë
Nenexhik i grirë, për zbukurim

Vendosni gjalpin ose margarinën në një enë 1,75 litra/3 pt/7½ filxhan. Ngroheni, pa mbuluar, e plotë për 1 minutë. Thërrmoni hudhrën dhe shtoni kastravecin. Gatuani, pa mbuluar, për 4 minuta, duke e përzier dy herë. Hiqeni nga mikrovala. Rrihni të gjithë përbërësit e mbetur. Mbulojeni dhe ftohuni për disa orë. Hidhni me lugë në enë dhe spërkatni secilën pjesë me nenexhik.

Supë me spinaq të ftohtë me kos

Shërben 6–8

25 g/1 oz/2 lugë gjelle gjalpë ose margarinë
1 thelpi i madh hudhre
450 g/1 lb gjethe spinaqi bebe, të prera
600 ml/1 pt/2½ filxhanë kos të thjeshtë
300 ml/½ pt/1¼ filxhan qumësht
150 ml/¼ pt/2/3 filxhan ujë të ftohtë
2,5–10 ml/½–2 lugë kripë
Lëng nga 1 limon
Arrëmyshk i grirë ose arra të bluara, për dekorim

Vendosni gjalpin ose margarinën në një enë 1,75 litra/3 pt/7½ filxhan. Ngroheni, pa mbuluar, e plotë për 1 minutë. Thërrmoni hudhrën dhe shtoni spinaqin. Gatuani, pa mbuluar, për 4 minuta, duke e përzier dy herë. Hiqeni nga mikrovala. Përziejeni në një pure të trashë në një blender ose procesor ushqimi. Rrihni të gjithë përbërësit e mbetur. Mbulojeni dhe ftohuni për disa orë. Hidheni në enë dhe pudrosni secilën pjesë me arrëmyshk ose arra të bluara.

Supë me domate të ftohtë me sherri

Shërben 4–5

300 ml/½ pt/1¼ filxhan ujë
300 ml/10 ml oz/1 kanaçe supë me domate të kondensuar
30 ml/2 lugë gjelle sheri të thatë
150 ml/¼ pt/2/3 filxhan krem i dyfishtë (i rëndë).
5 ml/1 lugë salcë Worcestershire
Qiqra të grira, për zbukurim

Hidhni ujë në një tas 1,25 litër/2¼ pt/5½ filxhan dhe ngroheni, të pambuluar, të plotë për 4–5 minuta derisa të fryjë. Hidhni supën me domate. Kur të jetë plotësisht i qetë, përzieni mirë përbërësit e mbetur. Mbulojeni dhe ftoheni për 4-5 orë. Përziejini, hidheni me lugë në enë qelqi dhe spërkatni secilën me qiqra.

Nju Angli Fish Chowder

Shërben 6–8

I shërbyer gjithmonë në Amerikën e Veriut për mëngjesin e së dielës, Clam Chowder është klasikja më e mirë, por meqenëse molusqet nuk janë të lehta për t'u gjetur, peshku i bardhë është zëvendësuar.

5 rripa proshutë me vija (feta), të prera në feta trashë
1 qepë e madhe, e qëruar dhe e grirë
15 ml/1 lugë miell misri
30 ml/2 lugë gjelle ujë të ftohtë
450 g/1 lb patate, të prera në kubikë 1 cm/½
900 ml/1½ pts/3¾ filxhanë qumësht të nxehtë të plotë krem
450 g/1 lb fileto peshku të bardhë të fortë, të hequra nga lëkura dhe të prera në copa sa kafshatë
2,5 ml/½ lugë arrëmyshk i bluar
Kripë dhe piper i zi i sapo bluar

Vendoseni proshutën në një tas 2,5 litra/4½ pt/11 filxhan. Shtoni qepën dhe ziejini të pambuluar në Plotë për 5 minuta. Përzieni miellin e misrit pa probleme me ujin dhe përzieni në enë. Përzieni patatet dhe gjysmën e qumështit të nxehtë. Gatuani, pa mbuluar, për 6 minuta, duke e përzier tre herë. Hidhni qumështin e mbetur dhe gatuajeni, pa mbuluar, plotësisht për 2 minuta. Shtoni peshkun tek arrëmyshku dhe rregulloni sipas shijes. Mbulojeni me një pjatë dhe gatuajeni në Plotë për 2 minuta derisa peshku të zbutet. (Mos u shqetësoni nëse peshku ka filluar të qërohet.) Hidheni në enë të thella dhe hani menjëherë.

Supë me gaforre

Shërben 4

25 g/1 oz/2 lugë gjelle gjalpë pa kripë (i ëmbël).
20 ml/4 lugë lugë miell i thjeshtë (për të gjitha qëllimet).
300 ml/½ pt/1¼ filxhan qumësht kremi i ngrohur
300 ml/½ pt/1¼ filxhan ujë
2,5 ml/½ lugë e vogël mustardë e prodhuar në anglisht
Një copë salcë piper djegës
25 g/1 oz/¼ filxhan djathë çedar, i grirë
175 g/6 oz mish gaforre e lehtë dhe e errët
Kripë dhe piper i zi i sapo bluar
45 ml/3 lugë gjelle sheri të thatë

Vendosni gjalpin në një enë 1,75 litra/3 pt/7½ filxhan. Shkrini në shkrirje për 1–1½ minuta. Përzieni miellin. Gatuani, pa mbuluar, plotësisht për 30 sekonda. Përziejini gradualisht qumështin dhe ujin. Gatuani, pa mbuluar, në Plotë për 5-6 minuta derisa të jetë e qetë dhe e trashë, duke e trazuar çdo minutë. Përziejini të gjithë përbërësit e mbetur. Gatuani, pa mbuluar, të plota për 1½–2 minuta, duke e përzier dy herë, derisa të nxehet.

Supë me gaforre dhe limon

Shërben 4

Përgatiteni si supë me Gaforre, por përbërësve të mbetur shtoni 5 ml/1 lugë lëkure limoni të grirë imët. Spërkateni çdo porcion me pak arrëmyshk të grirë.

Bisque karavidhe

Shërben 4

Përgatiteni si për supën e Gaforres, por qumështin zëvendësoni një krem (të lehtë) dhe mishin e gaforreve të grirë të karavidheve.

Paketa Supë e tharë

Hidheni përmbajtjen e paketës në një enë 1,25 litra/2¼ pt/5½ filxhan. Përzieni gradualisht sasinë e rekomanduar të ujit të ftohtë. Mbulojeni dhe lëreni të qëndrojë për 20 minuta që të zbuten perimet. Përzieje. Mbulojeni me një pjatë dhe gatuajeni plotësisht për 6-8 minuta, duke e përzier dy herë, derisa supa të vlojë dhe të trashet. Lëreni të qëndrojë për 3 minuta. Përzicjini dhc shërbejini.

Supë e kondensuar e konservuar

Hidheni supën në një enë matëse 1,25 litra/2¼ pt/5½ filxhan. Shtoni 1 kanaçe me ujë të vluar dhe përzieni mirë. Mbulojeni me një pjatë ose tigan dhe ngroheni plot për 6-7 minuta, duke e përzier dy herë, derisa supa të vlojë. Hidheni në enë dhe shërbejeni.

Ngrohja e supave

Për rezultate të suksesshme, ngrohni përsëri supat e qarta ose të holla në supat dhe lëngjet e plota dhe kremoze në Defrost.

Ngrohja e vezëve për gatim

E paçmueshme nëse vendosni në minutën e fundit të bëni pak pjekje dhe keni nevojë për vezë në temperaturën e dhomës.

Për një vezë: thyeni vezën në një enë ose gotë të vogël. Shponi të verdhën dy herë me një hell ose me majë thike që të mos shpërthejë lëkura dhe të mos shpërthejë e verdha. Mbulojeni enën ose gotën me një tigan. Ngroheni në shkrirje për 30 sekonda.

Për 2 vezë: si një vezë, por e nxehtë për 30-45 sekonda.

Për 3 vezë: si një vezë, por e nxehtë për 1-1¼ minuta.

Vezë të ziera

Këto janë më mirë të gatuhen individualisht në pjatat e tyre.

Për një vezë: derdhni 90 ml/6 lugë ujë të nxehtë në një enë të cekët. Shtoni 2,5 ml/½ lugë uthull të lehtë për të parandaluar përhapjen e të bardhëve. Rrëshqitni me kujdes një vezë, së pari të copëtuar në një gotë. Shponi të verdhën dy herë me një hell ose me majën e një thike. Mbulojeni me një pjatë dhe gatuajeni tërësisht për 45 sekonda – 1¼ minuta, varësisht se sa të forta ju pëlqejnë të bardhat tuaja. Lëreni të qëndrojë për një minutë. Hiqeni nga ena me një pjesë të peshkut të shpuar.

Për 2 vezë të gatuara në 2 pjata në të njëjtën kohë: gatuajeni plotësisht për 1½ minutë. Lëreni të qëndrojë për 1¼ minuta. Nëse e bardha është shumë e lëngshme, gatuajeni edhe 15-20 sekonda.

Për 3 vezë të gatuara në 3 pjata në të njëjtën kohë: gatuajeni plotësisht për 2-2 minuta e gjysmë. Lëreni të qëndrojë për 2 minuta. Nëse e bardha është shumë e lëngshme, gatuajeni edhe 20-30 sekonda.

Vezë të skuqura (Mbretëri).

Mikrovala bën një punë të shkëlqyeshme këtu dhe vezët dalin të buta dhe të buta, gjithmonë me diell lart dhe me një buzë të bardhë që nuk kërcitet kurrë. Skuqja e më shumë se 2 vezëve në të njëjtën kohë nuk rekomandohet pasi e verdha zihet më shpejt se e bardha dhe bëhet e fortë. Kjo është për shkak të kohës më të gjatë të gatimit që kërkohet për të vendosur të bardhën. Përdorni porcelani ose qeramikë pa asnjë aluzion dekorimi, siç bëjnë në Francë.

Për një vezë: një furçë e vogël enë e lehtë porcelani ose enë balte me gjalpë të shkrirë, margarinë ose një gjurmë vaji delikat të ullirit. Thyejeni vezën në një gotë dhe më pas futeni në enën e përgatitur. Shponi të verdhën dy herë me një hell ose me majën e një thike. Spërkateni lehtë me kripë dhe piper të zi të sapobluar. Mbulojeni me një pjatë dhe gatuajeni plotësisht për 30 sekonda. Lëreni të qëndrojë për një minutë. Vazhdoni të gatuani edhe për 15-20 sekonda. Nëse e bardha nuk është vendosur mjaftueshëm, gatuajeni edhe 5-10 sekonda.

Për 2 vezë: si një vezë, por fillimisht gatuajeni të plotë për 1 minutë, më pas qëndroni për 1 minutë. Gatuani për 20-40 sekonda të tjera. Nëse e bardha nuk vendoset mjaftueshëm, lërini edhe 6-8 sekonda.

Piperade

Shërben 4

30 ml/2 lugë gjelle vaj ulliri
3 qepë, të prera në feta shumë të holla
2 speca jeshilë (zile), me fara dhe të grira hollë
6 domate, të zbardhura, të qëruara, me fara dhe të prera
15 ml/1 lugë gjelle gjethe borziloku të grira
Kripë dhe piper i zi i sapo bluar
6 vezë të mëdha
60 ml/4 lugë krem i dyfishtë (i rëndë).
Dolli, për të shërbyer

Hedhim vajin në një enë të thellë me diametër 25 cm/10 dhe e ngrohim të pambuluar të plotë për një minutë. I trazojmë qepët dhe specat. Mbulojeni me një pjatë dhe ziejini në shkrirje për 12-14 minuta derisa perimet të zbuten. Përziejini domatet dhe borzilokun dhe i rregulloni sipas shijes. Mbulojeni si më parë dhe gatuajeni plotësisht për 3 minuta. Rrihni së bashku vezët dhe kremin dhe rregulloni sipas shijes. Hidheni në enë dhe bashkojeni me perimet. Gatuani, pa mbuluar, në Plotë për 4–5 minuta derisa të skuqet lehtë, duke e përzier çdo minutë. Mbulojeni dhe lëreni të qëndrojë për 3 minuta përpara se ta shërbeni me bukë të thekur.

Piperade me Gamon

Shërben 4

Përgatiteni si Piperade, por shërbejeni me lugë mbi porcione të bukës së skuqur (të skuqura) dhe sipër secilës me një rasher (fetë) gamoni të pjekur në skarë (të zier) ose në mikrovalë.

Piperada

Shërben 4

Versioni spanjoll i Piperade.

Përgatiteni si Piperade, por shtoni 2 thelpinj hudhër, të shtypura, me qepë dhe piper jeshil dhe shtoni 125 g/4 oz/1 filxhan proshutë të grirë në perimet e gatuara. Zbukuroni çdo pjesë me ullinj të prerë në feta.

vezë fiorentine

Shërben 4

450 g/1 lb spinaq i sapo gatuar
60 ml/4 lugë krem pana
4 vezë të ziera, të ziera 2 nga një
300 ml/½ pt/1¼ filxhan salcë djathi të nxehtë ose salcë Mornay
50 g/2 oz/½ filxhan djathë të grirë

Punoni së bashku spinaqin dhe kremin në një përpunues ushqimi ose blender. Rregullojini në një enë rezistente ndaj nxehtësisë në një enë të cekët, të lyer me gjalpë 18 cm/7. Mbulojeni me një pjatë dhe nxeheni në Plotë për 1½ minutë. Sipër i rregullojmë vezët dhe i mbulojmë me salcën e nxehtë. Spërkateni me djathë dhe kanellë nën një skarë të nxehtë (broiler).

Vezë e zier Rossini

SHERBET 1

Kjo bën një rostiçeri elegante me një sallatë anësore me gjethe.

Skuqni (kaqur) ose thekur feta bukë gruri pa kore. Përhapeni me një patetë të lëmuar mëlçie që përmban, nëse kostoja e lejon, pak tartuf. Hidhni sipër një vezë të sapozier dhe shërbejeni menjëherë.

Përleshje me vezë me patëllxhan

Shërben 4

Një ide izraelite që shndërrohet mirë në mikrovalë. Shija është çuditërisht e fortë.

750 g/1½ lb patëllxhan (patëllxhan)
15 ml/1 lugë gjelle lëng limoni
15 ml/1 lugë gjelle vaj misri ose luledielli
2 qepë, të grira hollë
2 thelpinj hudhre, te shtypura
4 vezë të mëdha
60 ml/4 lugë qumësht
Kripë dhe piper i zi i sapo bluar
Tost i ngrohtë me gjalpë, për ta shërbyer

Sipër dhe bisht patëllxhanët dhe i presim në gjysmë për së gjati. Rregullojini në një pjatë të madhe, anët e prera poshtë dhe mbulojeni me letër kuzhine. Gatuani tërësisht për 8–9 minuta ose derisa të zbuten. Hiqeni mishin nga lëkurat direkt në një procesor ushqimi me lëng limoni dhe përpunojeni në një pure të trashë. Vendoseni vajin në një enë 1,5 litër/2½ pt/6 filxhan. Nxehtësia, e pambuluar, e plotë për 30 sekonda. Përzieni qepët dhe hudhrat. Gatuani, pa mbuluar, të plota për 5 minuta. Rrihni vezët me qumështin dhe përziejini mirë sipas shijes. Hidheni në enë dhe skuqeni me qepë dhe hudhër në Plotë për 2 minuta, duke e përzier çdo 30 sekonda. Përzieni qepët dhe hudhrat dhe shtoni purenë e patëllxhanit. Vazhdoni të gatuani, pa mbuluar, në Plotë për 3-4 minuta, duke e trazuar çdo 30 sekonda, derisa masa të trashet dhe vezët të fërgohen. Shërbejeni mbi tost të ngrohtë të lyer me gjalpë.

Omëletë klasike

Shërben 1

Një omëletë me teksturë të lehtë që mund të shërbehet e thjeshtë ose e mbushur.

Gjalpë ose margarinë e shkrirë
3 vezë
20 ml/4 lugë kripë
Piper i zi i sapo bluar
30 ml/2 lugë gjelle ujë të ftohtë
Majdanoz ose lakërishtë, për të dekoruar

Rrini një enë të cekët me diametër 20 cm/8 me gjalpë të shkrirë ose margarinë. Rrihni mirë vezët me të gjithë përbërësit e tjerë përveç garniturës. (Nuk mjafton thyerja e lehtë e vezëve, si për omletat tradicionale.) Hidhni në enë, mbulojeni me një pjatë dhe vendoseni në mikrovalë. Gatuani plotësisht për 1½ minutë. Zbuloni dhe përzieni përzierjen e vezëve butësisht me një lugë druri ose pirun, duke sjellë skajet pjesërisht të vendosura në qendër. Mbulojeni si më parë dhe kthejeni në mikrovalë. Gatuani plotësisht për 1½ minutë. Zbuloni dhe vazhdoni të gatuani për 30–60 sekonda ose derisa pjesa e sipërme të jetë vendosur. Paloseni në të tretat dhe rrëshqitni në një pjatë të ngrohur. Zbukuroni dhe shërbejeni menjëherë.

Omëleta me aromë

Shërben 1

Omëletë me majdanoz: përgatiteni si një omëletë klasike, por spërkatni vezët me 30 ml/2 lugë majdanoz të grirë pasi omëleta të jetë zier për 1½ minutat e para.

Omëleta e qiqrave: përgatiteni si një omëletë klasike, por lyeni vezët me 30 ml/2 lugë gjelle qiqra të grira pasi omëleta të jetë zier për 1½ minutat e para.

Omëletë me lakërishtë: përgatiteni si një omëletë klasike, por spërkatni vezët me 30 ml/2 lugë gjelle lakërishtë të copëtuar pasi omëleta të jetë zier për 1½ minutat e para.

Omelette aux Fine Herbes: përgatiteni si një omëletë klasike, por shpërndani vezët me 45 ml/3 lugë gjelle të përzier majdanoz të grirë, kërpudha dhe borzilok pasi omëleta të jetë zier për 1½ minutat e para. Mund të shtohet edhe pak tarragon i freskët.

Omëletë e kuruar me koriandër: përgatiteni si Omëleta Klasike, por rrihni vezët dhe ujin me 5-10 ml/1-2 lugë gjelle pluhur kerri përveç kripës dhe piperit. Spërkatni vezët me 30 ml/2 lugë gjelle koriandër të grirë (cilantro) pasi omëleta të jetë zier për 1½ minutat e para.

Omëletë me djathë dhe mustardë: përgatiteni si një omëletë klasike, por rrahim vezët dhe ujin me 5 ml/1 lugë mustardë të përgatitur dhe 30 ml/2 lugë djathë të fortë të grirë shumë imët me shije të mirë përveç kripës dhe piperit.

Omëletë për mëngjes

Shërben 1–2

Një omëletë e stilit të Amerikës së Veriut, e shërbyer tradicionalisht në mëngjesin e së dielës. Omëleta e mëngjesit mund të jetë po aq e shijshme dhe mbushëse sa edhe omëleta klasike.

Përgatiteni si një omëletë klasike, por zëvendësoni 45 ml/3 lugë qumësht të ftohtë me 30 ml/2 lugë gjelle ujë. Pasi ta zbuloni, gatuajeni plotësisht për 1-1½ minuta. Paloseni në të tretat dhe rrëshqitni me kujdes në një pjatë.

Vezë të ziera me djathë të shkrirë

Shërben 1

1 fetë tost të ngrohtë të lyer me gjalpë
45 ml/3 lugë krem djathi
Ketchup domate (catsup)
1 vezë e zier
60-75 ml / 4-5 lugë djathë të grirë
Paprika

Përhapeni bukën e thekur me kremin e djathit, më pas me ketchupin e domates. Vendoseni në një pjatë. Hidhni sipër vezën e zier, më pas spërkatni me djathë të grirë dhe spërkatni me paprika. Ngroheni, pa mbuluar, në shkrirje për 1–1½ minuta derisa djathi të fillojë të shkrihet. Hani menjëherë.

Vezë Benedikti

Shërben 1–2

Asnjë mëngjes i vonë i së dielës në Amerikën e Veriut nuk është i plotë pa Eggs Benedict, një përzierje e pasur me vezë që sfidon të gjitha kufizimet e kalorive dhe kolesterolit.

Ndani dhe theksoni një kifle ose bap. Hidhni sipër një skuqje (fetë) proshutë të pjekur lehtë në skarë konvencionale (të zier), pastaj në të dyja gjysmat me një vezë të freskët të zier. Lyejeni me salcën Hollandaise, më pas spërkatni me paprika. Hani menjëherë.

Arnold Bennett Omelette

Shërben 2

Thuhet se është krijuar nga një kuzhinier në Hotelin Savoy të Londrës për nder të shkrimtarit të famshëm, kjo është një omëletë monumentale dhe e paharrueshme për çdo ditë të lartë dhe festë.

175 g/6 oz fileto merluci të tymosur ose merluci
45 ml/3 lugë gjelle ujë të vluar
120 ml/4 ml ons/½ filxhan krem fraiche
Piper i zi i sapo bluar
Gjalpë ose margarinë e shkrirë, për larje
3 vezë
45 ml/3 lugë qumësht të ftohtë
Një majë kripë
50 g/2 oz/½ filxhan djathë me ngjyrë Cheddar ose Red Leicester, i grirë

Vendoseni peshkun në një enë të cekët me ujë. Mbulojeni me një pjatë dhe gatuajeni plotësisht për 5 minuta. Lëreni të qëndrojë për 2 minuta. Kullojeni dhe grijeni mishin me një pirun. Punojeni në kremin dhe aromatizoni me piper sipas dëshirës. Rrini një enë të cekët 20 cm/8" me gjalpë të shkrirë ose margarinë. Rrihni vezët mirë me qumështin dhe kripën. Hidheni në enë. Mbulojeni me një pjatë dhe gatuajeni plotësisht për 3 minuta, duke lëvizur skajet e vendosjes në qendër në gjysmë të rrugës së gatimit. Zbulojeni dhe gatuajeni për 30 sekonda të tjera. E lyejmë me masën e peshkut dhe kremit dhe e spërkasim me djathë. Gatuani, pa mbuluar, plot për 1–1½ minuta derisa omëleta të jetë e nxehtë dhe djathi të shkrihet. Ndani në dy pjesë dhe shërbejeni menjëherë.

Tortilla

Shërben 2

Omeleta e famshme spanjolle është e rrumbullakët dhe e sheshtë si një petull. Përzihet rehat me copa buke ose role dhe një sallatë jeshile të freskët.

15 ml/1 lugë gjelle gjalpë, margarinë ose vaj ulliri
1 qepë e grirë hollë
175 g / 6 oz patate të gatuara, të prera në kubikë
3 vezë
5 ml/1 lugë kripë
30 ml/2 lugë gjelle ujë të ftohtë

Në një enë të thellë me diametër 20 cm/8 vendosim gjalpin, margarinën ose vajin. Nxeheni në shkrirje për 30–45 sekonda. Përzieni qepën. Mbulojeni me një pjatë dhe gatuajeni në shkrirje për 2 minuta. Përziejini patatet. Mbulojeni si më parë dhe ziejini plotësisht për një minutë. Hiqeni nga mikrovala. Rrihni vezët mirë me kripën dhe ujin. Hidhni në mënyrë të barabartë mbi qepët dhe patatet. Gatuani, pa mbuluar, të plotë për 4½ minuta, duke e kthyer enën një herë. Lëreni të qëndrojë për një minutë, më pas ndajeni në dysh dhe transferojeni secilën pjesë në një pjatë. Hani menjëherë.

Omëletë spanjolle me perime të përziera

Shërben 2

30 ml/2 lugë gjelle gjalpë, margarinë ose vaj ulliri
1 qepë e grirë hollë
2 domate të qëruara dhe të prera
½ piper i vogël jeshil ose i kuq (zile), i grirë hollë
3 vezë
5–7,5 ml/1–1½ lugë kripë
30 ml/2 lugë gjelle ujë të ftohtë

Në një enë të thellë me diametër 20 cm/8 vendosim gjalpin, margarinën ose vajin. Ngroheni në shkrirje për 1½ minutë. Përziejmë qepën, domaten dhe piperin e grirë. Mbulojeni me një pjatë dhe gatuajeni në shkrirje për 6-7 minuta derisa të zbuten. Rrihni vezët mirë me kripën dhe ujin. Hidhni në mënyrë të barabartë mbi perimet. E mbulojmë me një pjatë dhe e kaurdisim në Fletë për 5-6 minuta derisa vezët të zihen duke e kthyer enën një herë. Ndani në dy pjesë dhe transferoni secilën pjesë në një pjatë. Hani menjëherë.

Omëletë me proshutë spanjolle

Shërben 2

Përgatiteni si një omëletë spanjolle me perime të përziera, por shtoni 60 ml/4 lugë gjelle proshutë spanjolle të tharë në ajër të grirë trashë dhe 1–2 thelpinj hudhër, të shtypura, te perimet dhe gatuajeni për 30 sekonda më gjatë.

Djathë me vezë në salcë selino

Shërben 4

Një pjatë e shkurtër drekë ose darke, e cila siguron një vakt të mjaftueshëm për vegjetarianët.

6 vezë të mëdha të ziera (të ziera), të qëruara dhe të përgjysmuara
300 ml/10 ml oz/1 kanaçe supë me selino të kondensuar
45 ml/3 lugë krem qumështi të plotë
175 g/6 oz/1½ filxhan djathë çedar, i grirë
30 ml/2 lugë majdanoz i grirë hollë
Kripë dhe piper i zi i sapo bluar
15 ml/1 lugë gjelle bukë të thekur
2,5 ml/½ lugë paprika

Vendosim gjysmat e vezëve në një enë të thellë me diametër 20 cm/8. Në një tas ose pjatë të veçantë, përzieni butësisht supën dhe qumështin. Ngroheni, pa mbuluar, në Plotë për 4 minuta, duke e përzier çdo minutë. Përzieni gjysmën e djathit dhe ngrohni të pambuluar, në të Plotë për 1-1½ minuta derisa të shkrihet. Hidhni majdanozin, rregulloni sipas shijes, më pas hidhni me lugë vezët. Spërkateni me djathin e mbetur, thërrimet e bukës dhe paprikën. Skuqeni nën një skarë të nxehtë (broiler) përpara se ta shërbeni.

Vezë Fu Yung

Shërben 2

5 ml/1 lugë gjelle gjalpë, margarinë ose vaj misri
1 qepë e grirë hollë
30 ml/2 lugë bizele të ziera
30 ml/2 lugë gjelle lakër fasule të gatuara ose të konservuara
125 g/4 oz kërpudha, të prera në feta
3 vezë të mëdha
2,5 ml/½ lugë e vogël kripë
30 ml/2 lugë gjelle ujë të ftohtë
5 ml/1 lugë salcë soje
4 qepë (qepëza), të grira hollë

Në një enë të thellë me diametër 20 cm/8 vendosim gjalpin, margarinën ose vajin dhe e ngrohim të pambuluar në shkrirje për një minutë. Përziejmë qepën e grirë, e mbulojmë me një pjatë dhe e kaurdisim të plotë për 2 minuta. Përzieni bizelet, lakër fasule dhe kërpudha. Mbulojeni si më parë dhe gatuajeni plotësisht për 1½ minutë. Hiqeni nga mikrovala dhe përzieni. Rrihni vezët tërësisht me kripë, ujë dhe salcë soje. Hidhni në mënyrë të barabartë mbi perimet. Gatuani, pa mbuluar, për 5 minuta, duke e kthyer dy herë. Lëreni të qëndrojë për një minutë. Ndani në dysh dhe kaloni secilën në një pjatë të ngrohur. E zbukurojmë me qepë dhe e shërbejmë menjëherë.

Omëletë picash

Shërben 2

Pica e re, baza e bërë nga një omëletë e sheshtë në vend të brumit të majave.

15 ml/1 lugë gjelle vaj ulliri
3 vezë të mëdha
45 ml/3 lugë qumësht
2,5 ml/½ lugë e vogël kripë
4 domate të qëruara, të prera dhe të grira
125 g/4 oz/1 filxhan djathë mocarela, i grirë
8 açuge të konservuara në vaj
8–12 ullinj të zinj (me gurë).

Vendosim vajin në një enë të thellë me diametër 20 cm/8 dhe e ngrohim të pambuluar në shkrirje për një minutë. Rrahim mirë vezët me qumështin dhe kripën. Hidheni në enë dhe mbulojeni me një pjatë. Gatuani tërësisht për 3 minuta, duke lëvizur skajet e vendosjes në qendër të enës në gjysmë të rrugës së gatimit. Zbulojeni dhe gatuajeni për 30 sekonda të tjera. Përhapeni me domate dhe djathë, më pas zbukurojeni me açuge dhe ullinj. Gatuani, pa mbuluar, në Plotë për 4 minuta, duke e kthyer dy herë. Ndani në dysh dhe shërbejeni menjëherë.

Omëletë sufle

Shërben 2

45 ml/3 lugë gjelle reçel (i konservuar)
Krem sheqeri (e ëmbëlsirave).
Gjalp i shkrirë
3 pika lëng limoni
3 vezë të mëdha, të ndara
15 ml/1 lugë gjelle sheqer pluhur (superfin).

Hidhni reçelin me lugë në një enë ose gotë të vogël. Mbulojeni me një tigan dhe ngroheni në shkrirje për 1½ minutë. Hiqeni me kujdes nga mikrovala, lëreni të mbuluar dhe lëreni mënjanë. Mbuloni një fletë të madhe letre të yndyrshme (dylli) me sheqer pluhur të situr. Lyejeni një enë të thellë me diametër 25 cm/10 me gjalpë të shkrirë. Shtoni lëngun e limonit tek të bardhat e vezëve dhe rrihni derisa të arrijë majat. Shtoni sheqerin e grirë tek të verdhat e vezëve dhe rrihni derisa të trashet, të zbehet dhe të bëhet kremoze. Rrihni ngadalë të bardhat e rrahura në të verdhat derisa të jenë të lëmuara dhe të kombinuara në mënyrë të barabartë. Hidhni me lugë në enën e përgatitur. Gatuani, pa mbuluar, të plota për 3½ minuta. Përmbysni mbi letrën e sheqerosur, bëni një vijë në mes me thikë dhe shtroni reçelin e nxehtë mbi gjysmën e omëletës. Paloseni butësisht në gjysmë, ndani në dy pjesë dhe hani menjëherë.

Omëletë me sufle limoni

Shërben 2

Përgatiteni si për omëletën sufle, por shtoni 5 ml/1 lugë çaji lëvozhgë limoni të grirë imët tek të verdhat e vezëve të rrahura dhe sheqeri.

Omëletë me sufle portokalli

Shërben 2

Përgatiteni si për omëletën sufle, por shtoni 5 ml/1 lugë lugë portokalli të grirë imët tek të verdhat e vezëve të rrahura dhe sheqeri.

Sufle omëletë me bajame dhe kajsi

Shërben 2

Përgatiteni si për omëletën sufle, por shtoni 2,5 ml/½ lugë esencë (ekstrakt) bajamesh tek të verdhat e vezëve të rrahura dhe sheqeri. Mbushni me reçel kajsie të ngrohur të butë (të ruajtur).

Sufle me mjedër omëletë

Shërben 2

Përgatiteni si për omëletën sufle, por shtoni 2,5 ml/½ lugë esencë (ekstrakt) vanilje tek të verdhat e vezëve të rrahura dhe sheqeri. Mbushni me 45–60 ml/3–4 lugë gjelle mjedra të grimcuara në mënyrë të trashë të përzier me sheqer pluhur (të ëmbëlsirave) për shije dhe një kukull Kirsch ose xhin.

Omëletë me sufle luleshtrydhe

Shërben 2

Përgatiteni si për omëletën sufle, por shtoni 2,5 ml/½ lugë esencë (ekstrakt) vanilje tek të verdhat e vezëve të rrahura dhe sheqeri. Mbushni me 45–60 ml/3–4 lugë gjelle luleshtrydhe të prera hollë të përziera me sheqer pluhur (të ëmbëlsirave) sipas shijes dhe 15 ml/1 lugë gjelle çokollatë ose liker portokalli.

Omeletë sufle me mbushje

Shërben 2

Përgatiteni si për omëletën sufle, por në vend që ta palosni dhe ta prisni omëletën në gjysmë, lëreni të sheshtë dhe ndani në dy pjesë. Transferoni secilën në një pjatë dhe sipër me fruta të ziera të ngrohura ose coulis frutash. Shërbejeni menjëherë.

Vezë të pjekura me krem

Shërben 1

Kjo mënyrë e përgatitjes së vezëve vlerësohet shumë në Francë, ku quhet oeufs en cocotte. Është padyshim një starter për darka, por gjithashtu bën një vakt elegant me bukë të thekur ose krisur dhe një sallatë jeshile. Për të siguruar sukses, këshillohet që të gatuani një vezë në një pjatë individuale.

1 vezë
Kripë dhe piper i zi i sapo bluar
15 ml/1 lugë gjelle krem i dyfishtë (i rëndë) ose krem fraiche
5 ml/1 lugë majdanoz i grirë shumë hollë, qiqra ose koriandër (cilantro)

Lyejeni një pjatë të vogël ramekin (filxhan krem) ose pjatë individuale sufle me gjalpë të shkrirë ose margarinë. Thyejeni butësisht vezën dhe vendoseni të verdhën dy herë me një hell ose me majën e një thike. E rregullojmë mirë sipas shijes. Mbulojeni me krem dhe spërkatni me barishte. Mbulojeni me një tigan dhe gatuajeni në shkrirje për 3 minuta. Lëreni të qëndrojë për një minutë para se të hani.

Vezë e pjekur napolitane

Shërben 1

Përgatiteni si vezën e pjekur me krem, por lyeni vezën me 15 ml/1 lugë gjelle pasata (domate të situr) dhe dy ullinj të zinj ose kaperi të grirë hollë.

Fondue djathi

Shërben 6

I lindur në Zvicër, Cheese Fondue është i preferuari i après-skive në vendpushimet alpine ose kudo tjetër me borë të thellë në majat e larta. Zhytja e bukës në një tenxhere të përbashkët me djathë të shkrirë aromatik është një nga mënyrat më të këndshme, argëtuese dhe relaksuese për të shijuar një vakt me miqtë dhe nuk ka ndihmës më të mirë të kuzhinës për këtë sesa furra me mikrovalë. Shërbejeni me bukë të vegjël Kirsch dhe filxhanë çaj të nxehtë limoni për një atmosferë autentike.

1-2 thelpinj hudhër, të qëruara dhe të prera në gjysmë
175 g/6 oz/1½ filxhan Djath Emmental, i grirë
450 g/1 paund/4 filxhanë djathë Gruyère (zvicerian), i grirë në rende

15 ml/1 lugë miell misri
300 ml/½ pt/1 ¼ filxhan verë Mosel
5 ml/1 lugë çaji lëng limoni
30 ml/2 lugë gjelle Kirsch
Kripë dhe piper i zi i sapo bluar
Bukë franceze e prerë në kubikë, për zhytje

Shtypni anët e prera të gjysmave të hudhrës në anët e një ene prej qelqi të thellë ose prej balte 2,5 litra/4½ pt/11 filxhan. Përndryshe, për një shije më të fortë, shtypni hudhrën direkt në pjatë. Shtoni dy djathrat, miellin e misrit, verën dhe lëngun e limonit. Gatuani, pa mbuluar, në Fletë për 7-9 minuta, duke e përzier katër herë, derisa fondu të fillojë të trashet ngadalë. Hiqeni nga mikrovala dhe përzieni në Kirsch. E rregullojmë mirë sipas shijes. Sillni pjatën në tryezë dhe hani duke vendosur një kub bukë në një pirun të gjatë fondue, duke e rrotulluar në përzierjen e djathit dhe më pas duke e hequr.

Fondue me Sider

Shërben 6

Përgatiteni si për kremin e djathit, por zëvendësoni verën me musht të thatë dhe Kirsch-in me mushtin e thatë dhe shërbejeni kube mollësh me lëkurë të kuqe, si dhe kube buke për zhytje.

Fondue me lëng molle

Shërben 6

Fondue joalkoolike me shije të ëmbël dhe e përshtatshme për të gjitha moshat.

Përgatiteni si Fondueja e Djathit, por zëvendësoni verën me lëng molle dhe hiqni Kirsch-in. Nëse është e nevojshme, holloni me pak ujë të ngrohtë.

Fondue rozë

Shërben 6

Përgatiteni si Cheese Fondue, por zëvendësoni 200 g/7 oz/1¾ filxhan djathë të bardhë Cheshire, djathë Lancashire dhe djathë Caerphilly për djathin Emmental dhe Gruyère (zvicerian) dhe verë roze për verën e bardhë.

Fondue e tymosur

Shërben 6

Përgatiteni si Cheese Fondue, por zëvendësoni 200 g/7 oz/1¾ filxhan djathë të tymosur për gjysmën e djathit Gruyère (zviceran). Sasia e djathit Emmental nuk ka ndryshuar.

Fondue e birrës gjermane

Shërben 6

Përgatituni si Cheese Fondue, por zëvendësoni birrën për verën dhe rakinë për Kirsch.

Fondue me zjarr

Shërben 6

Përgatiteni si Cheese Fondue, por shtoni 2-3 speca të kuq, me fara dhe të grira shumë imët, menjëherë pas miellit të misrit (niseshte misri).

Kuron fondue

Shërben 6

Përgatiteni si Cheese Fondue, por shtoni 10–15 ml/2–3 lugë gjelle pastë të butë kerri në djathë dhe zëvendësoni vodka për Kirsch. Përdorni copa buke indiane të ngrohura për zhytje.

Fondue

Shërben 4–6

Një version italian i Cheese Fondue, tepër i ëmbël.

Përgatiteni si Cheese Fondue, por zëvendësoni djathin italian Fontina për Gruyère (zviceran) dhe djathin Emmental, verë të bardhë të thatë italiane për Mosel dhe marsala për Kirsch.

Mock Cheese dhe Domate Fondue

Shërben 4–6

225 g/8 oz/2 gota djathë çedar i pjekur, i grirë

125 g/4 oz/1 filxhan djathë Lancashire ose Wensleydale, i grimcuar

300 ml/10 ml oz/1 kanaçe supë me domate të kondensuar

10 ml/2 lugë salcë Worcestershire

Një copë salcë piper djegës

45 ml/3 lugë gjelle sheri të thatë

Bukë ciabatta e ngrohur, për ta shërbyer

Vendosni të gjithë përbërësit përveç sherit në një enë qelqi ose balte 1,25 litër/2¼ pt/5½ filxhan. Gatuani, pa mbuluar, në shkrirje për 7-9 minuta, duke e përzier tre ose katër herë, derisa fondu të trashet pa probleme. Hiqeni nga mikrovala dhe përzieni sherin. Hani me feta bukë të ngrohtë ciabatta.

Fondue djathi

Shërben 6

I lindur në Zvicër, Cheese Fondue është i preferuari i après-skive në vendpushimet alpine ose kudo tjetër me borë të thellë në majat e larta. Zhytja e bukës në një tenxhere të përbashkët me djathë të shkrirë aromatik është një nga mënyrat më të këndshme, argëtuese dhe relaksuese për të shijuar një vakt me miqtë dhe nuk ka ndihmës më të mirë të kuzhinës për këtë sesa furra me mikrovalë. Shërbejeni me bukë të vegjël Kirsch dhe filxhanë çaj të nxehtë limoni për një atmosferë autentike.

1-2 thelpinj hudhër, të qëruara dhe të prera në gjysmë
175 g/6 oz/1½ filxhan Djath Emmental, i grirë
450 g/1 paund/4 filxhanë djathë Gruyère (zvicerian), i grirë në rende
15 ml/1 lugë miell misri
300 ml/½ pt/1¼ filxhan verë Mosel
5 ml/1 lugë çaji lëng limoni
30 ml/2 lugë gjelle Kirsch
Kripë dhe piper i zi i sapo bluar
Bukë franceze e prerë në kubikë, për zhytje

Shtypni anët e prera të gjysmave të hudhrës në anët e një ene prej qelqi të thellë ose prej balte 2,5 litra/4½ pt/11 filxhan. Përndryshe, për një shije më të fortë, shtypni hudhrën direkt në pjatë. Shtoni dy djathrat, miellin e misrit, verën dhe lëngun e limonit. Gatuani, pa mbuluar, në

Fletë për 7-9 minuta, duke e përzier katër herë, derisa fondu të fillojë të trashet ngadalë. Hiqeni nga mikrovala dhe përzieni në Kirsch. E rregullojmë mirë sipas shijes. Sillni pjatën në tryezë dhe hani duke vendosur një kub bukë në një pirun të gjatë fondue, duke e rrotulluar në përzierjen e djathit dhe më pas duke e hequr.

Fondue me Sider

Shërben 6

Përgatiteni si për kremin e djathit, por zëvendësoni verën me musht të thatë dhe Kirsch-in me mushtin e thatë dhe shërbejeni kube mollësh me lëkurë të kuqe, si dhe kube buke për zhytje.

Fondue me lëng molle

Shërben 6

Fondue joalkoolike me shije të ëmbël dhe e përshtatshme për të gjitha moshat.

Përgatiteni si Fondueja e Djathit, por zëvendësoni verën me lëng molle dhe hiqni Kirsch-in. Nëse është e nevojshme, holloni me pak ujë të ngrohtë.

Fondue rozë

Shërben 6

Përgatiteni si Cheese Fondue, por zëvendësoni 200 g/7 oz/1¾ filxhan djathë të bardhë Cheshire, djathë Lancashire dhe djathë Caerphilly për djathin Emmental dhe Gruyère (zvicerian) dhe verë roze për verën e bardhë.

Fondue e tymosur

Shërben 6

Përgatiteni si Cheese Fondue, por zëvendësoni 200 g/7 oz/1¾ filxhan djathë të tymosur për gjysmën e djathit Gruyère (zviceran). Sasia e djathit Emmental nuk ka ndryshuar.

Fondue e birrës gjermane

Shërben 6

Përgatituni si Cheese Fondue, por zëvendësoni birrën për verën dhe rakinë për Kirsch.

Fondue me zjarr

Shërben 6

Përgatiteni si Cheese Fondue, por shtoni 2-3 speca të kuq, me fara dhe të grira shumë imët, menjëherë pas miellit të misrit (niseshte misri).

Kuron fondue

Shërben 6

Përgatiteni si Cheese Fondue, por shtoni 10–15 ml/2–3 lugë gjelle pastë të butë kerri në djathë dhe zëvendësoni vodka për Kirsch. Përdorni copa buke indiane të ngrohura për zhytje.

Fondue

Shërben 4–6

Një version italian i Cheese Fondue, tepër i ëmbël.

Përgatiteni si Cheese Fondue, por zëvendësoni djathin italian Fontina për Gruyère (zviceran) dhe djathin Emmental, verë të bardhë të thatë italiane për Mosel dhe marsala për Kirsch.

Mock Cheese dhe Domate Fondue

Shërben 4–6

225 g/8 oz/2 gota djathë çedar i pjekur, i grirë
125 g/4 oz/1 filxhan djathë Lancashire ose Wensleydale, i grimcuar
300 ml/10 ml oz/1 kanaçe supë me domate të kondensuar
10 ml/2 lugë salcë Worcestershire
Një copë salcë piper djegës
45 ml/3 lugë gjelle sheri të thatë
Bukë ciabatta e ngrohur, për ta shërbyer

Vendosni të gjithë përbërësit përveç sherit në një enë qelqi ose balte 1,25 litër/2¼ pt/5½ filxhan. Gatuani, pa mbuluar, në shkrirje për 7-9 minuta, duke e përzier tre ose katër herë, derisa fondu të trashet pa probleme. Hiqeni nga mikrovala dhe përzieni sherin. Hani me feta bukë të ngrohtë ciabatta.

Mock Cheese dhe Celery Fondue

Shërben 4–6

Përgatiteni si djathë tallës dhe fondue me domate, por zëvendësojeni supën me selino të kondensuar me supën me domate dhe aromatizoni me xhin në vend të sherit.

Djathë Italian, Krem dhe Fondue me Vezë

Shërben 4–6

1 thelpi hudhër, e shtypur

50 g/2 oz/¼ filxhani gjalpë (i ëmbël) pa kripë, në temperaturën e kuzhinës

450 g/1 lb/4 filxhanë djathë Fontina, i grirë

60 ml/4 lugë miell misri

300 ml/½ pt/1¼ filxhan qumësht

2,5 ml/½ lugë arrëmyshk i grirë

Kripë dhe piper i zi i sapo bluar

150 ml/¼ pt/2/3 filxhan krem për rrahje

2 vezë, të rrahura

Bukë italiane e prerë në feta, për ta servirur

Hidhni hudhrën, gjalpin, djathin, miellin e misrit, qumështin dhe arrëmyshkun në një enë të thellë prej qelqi ose argjile 2,5 litra/4½ pt/11 filxhan. Sezoni sipas shijes. Gatuani, pa mbuluar, në Fletë për 7-9 minuta, duke e përzier katër herë, derisa fondu të fillojë të trashet ngadalë. Hiqeni nga mikrovala dhe përzieni kremin. Gatuani, pa mbuluar, të plota për 1 minutë. Hiqini nga mikrovala dhe rrihni gradualisht vezët. Shërbejeni me bukë italiane për zhytje.

Fondju holandeze në fermë

Shërben 4–6

Fondue e butë dhe e butë, mjaft e lehtë për fëmijët.

1 thelpi hudhër, e shtypur

15 ml/1 lugë gjelle gjalpë

450 g/1 paund/4 filxhanë djathë Gouda, i grirë

15 ml/1 lugë miell misri

20 ml/4 lugë çaji pluhur mustardë

Një majë arrëmyshk të grirë

300 ml/½ pt/1¼ filxhan qumësht kremi të plotë

Kripë dhe piper i zi i sapo bluar

Bukë në kubikë, për ta shërbyer

Vendosini të gjithë përbërësit në një enë qelqi ose balte të thellë 2,5 litra/4½ pt/11 filxhan, i rregulloni mirë sipas shijes. Gatuani, pa mbuluar, në Fletë për 7-9 minuta, duke e përzier katër herë, derisa fondu të fillojë të trashet ngadalë. Sillni pjatën në tryezë dhe hani duke vendosur një kub bukë në një pirun të gjatë fondue, duke e rrotulluar në përzierjen e djathit dhe më pas duke e hequr.

Shtëpi në fermë Fondue me një goditje

Shërben 4–6

Përgatiteni si fondue holandeze në fermë, por përzieni 30–45 ml/2–3 lugë gjelle Genever (xhin holandez) pas gatimit.

Vezë të pjekura në stilin Flamenco

Shërben 1

Gjalpë ose margarinë e shkrirë
1 domate e vogël, e qëruar, e prerë dhe e prerë
2 qepë (qepëza), të grira
1-2 ullinj të mbushur, të grirë
5 ml/1 lugë vaj
15 ml/1 lugë gjelle proshutë të gatuar, të grirë hollë
1 vezë
Kripë dhe piper i zi i sapo bluar
15 ml/1 lugë gjelle krem i dyfishtë (i rëndë) ose krem fraiche
5 ml/1 lugë majdanoz i grirë shumë hollë, qiqra ose koriandër (cilantro)

Lyejeni një pjatë të vogël ramekin (filxhan krem) ose pjatë individuale sufle me gjalpë të shkrirë ose margarinë. Shtoni domatet, qepët e freskëta, ullinjtë, vajin dhe proshutën. Mbulojeni me një tigan dhe ngroheni për një minutë. Thyejeni butësisht vezën dhe vendoseni të verdhën dy herë me një hell ose me majën e një thike. E rregullojmë mirë sipas shijes. Mbulojeni me krem dhe spërkatni me barishte. Mbulojeni si më parë dhe gatuajeni në shkrirje për 3 minuta. Lëreni të qëndrojë për një minutë para se të hani.

Djathë me bukë dhe gjalpë dhe puding me majdanoz

Shërben 4–6

4 feta të mëdha bukë të bardhë
50 g/2 oz/¼ filxhan gjalpë, në temperaturën e kuzhinës
175 g/6 oz/1½ filxhan djathë çedër me ngjyrë portokalli
45 ml/3 lugë majdanoz i grirë
600 ml/1 pt/2½ filxhan qumësht të ftohtë
3 vezë
5 ml/1 lugë kripë
Paprika

E lyejmë bukën me gjalpë dhe çdo fetë e presim në katër katrorë. Lyejeni me gjalpë një pjatë 1,75 litra/3 pt/7½ filxhan. Vendosni gjysmën e katrorëve të bukës, anët e lyera me gjalpë lart, në bazën e enës. Spërkateni me dy të tretat e djathit dhe të gjithë majdanozin. Sipër vendosim bukën e mbetur, anët e lyera me gjalpë lart. Qumështin e derdhni në një enë dhe e ngrohni, pa mbuluar, për 3 minuta. Rrihni vezët derisa të bëhen shkumë, pastaj përzieni gradualisht qumështin. Përzieni kripën. Hidhni ngadalë mbi bukë dhe gjalpë. Spërkateni djathin e mbetur sipër dhe spërkatni me paprika. Mbulojeni me letër kuzhine dhe ziejini në shkrirë për 30 minuta. Lëreni të qëndrojë për 5 minuta, pastaj skuqeni nën një grilë të nxehtë (broiler), nëse dëshironi, përpara se ta shërbeni.

Djathë me bukë dhe gjalpë dhe puding me majdanoz me arra shqeme

Shërben 4–6

Përgatiteni si për pudingun me djathë bukë dhe gjalpë dhe majdanoz, por djathit dhe majdanozit shtoni 45 ml/3 lugë arra shqeme, të thekura dhe të grira në masë.

Puding me bukë dhe gjalpë me katër djathëra

Shërben 4–6

Përgatiteni si djathë bukë dhe gjalpë dhe puding me majdanoz, por përdorni një përzierje me çedër të grirë, Edam, Red Leicester dhe djathë Stilton të grimcuar. Zëvendësoni majdanozin me katër qepë turshi të copëtuara.

Crumpets djathë dhe vezë

Shërben 4

300 ml/10 ml oz/1 kanaçe supë me kërpudha të kondensuar
45 ml/3 lugë krem i vetëm (i lehtë).
125 g/4 oz/1 filxhan djathë Red Leicester, i grirë
4 crumpets të thekur të ngrohtë
4 vezë të freskëta të ziera

Vendoseni supën, kremin dhe gjysmën e djathit në një tas 900 ml/1½ pt/3¾ filxhan. Ngroheni, pa mbuluar, në Plotë për 4-5 minuta derisa të nxehet dhe të jetë e qetë, duke e trazuar çdo minutë. Vendoseni çdo crumpet në një pjatë të ngrohur dhe sipër me një vezë. Lyejeni me përzierjen e kërpudhave, spërkatni me djathin e mbetur dhe ngrohni një nga një në Fletë për rreth një minutë derisa djathi të shkrihet dhe të fryjë. Hani menjëherë.

Puding me djathë dhe domate përmbys

Shërben 4

225 g/8 oz/2 gota miell që ngrihet vetë.
5 ml/1 lugë çaji pluhur mustardë
5 ml/1 lugë kripë
125 g/4 oz/½ filxhan gjalpë ose margarinë
125 g/4 oz/1 filxhan djathë Edam ose Cheddar, i grirë
2 vezë, të rrahura
150 ml/¼ pt/2/3 filxhan qumësht të ftohtë
4 domate të mëdha, të zbardhura dhe të qëruara dhe të prera
15 ml/1 lugë gjelle majdanoz ose cilantro të copëtuar

Lyeni me gjalpë një legen të rrumbullakët të pudingut 1,75 litër/3 pt/7½ filxhan të thellë. Shosh miellin, pluhurin e mustardës dhe 2,5 ml/½ lugë kripë në një tas. Grini në rende gjalpin ose margarinën, më pas hidhni djathin. Përziejini në një konsistencë të butë me vezët dhe qumështin. Përhapeni pa probleme në legenin e përgatitur. Gatuani, pa mbuluar, të plota për 6 minuta. Përzieni domatet me kripën e mbetur. Vendoseni në një tas të cekët dhe mbulojeni me një pjatë. E heqim pudingun nga furra dhe e kthejmë me kujdes në një enë të cekët. E mbulojmë me letër kuzhine dhe e kaurdisim në Fletë edhe për 2 minuta të tjera. Hiqeni nga furra dhe mbulojeni me një copë letër për të mbajtur nxehtësinë. Vendosni domatet në mikrovalë dhe ngrohni plotësisht për 3 minuta. Hidhni pudingun me lugë, spërkatni me barishte dhe shërbejeni të nxehtë.

Pica Crumpets

Shërben 4

45 ml/3 lugë pure domate (pastë)
30 ml/2 lugë gjelle vaj ulliri
1 thelpi hudhër, e shtypur
4 crumpets të thekur të ngrohtë
2 domate, te prera holle
175 g/6 oz djathë Mozzarella, i grirë
12 ullinj të zinj

Përziejmë së bashku purenë e domates, vajin e ullirit dhe hudhrën dhe e shpërndajmë mbi crumpets. Sipër rendisim fetat e domates. Mbulojeni me djathë dhe kurvar me ullinj. Ngroheni një nga një në Full për rreth 1–1½ minuta derisa djathi të fillojë të shkrihet. Hani menjëherë.

Xhenxhefil levreku me qepë

Shërben 8

Specialitet kantonez dhe pjatë tipike kineze në shuplakë.

2 levrekë, 450 g/1 lb secila, të pastruara, por të lira
8 qepë (qepë)
5 ml/1 lugë kripë
2,5 ml/½ lugë sheqer
2,5 cm/1 copë xhenxhefil me rrënjë të freskët, të qëruar dhe të grirë imët
45 ml/3 lugë salcë soje

Lani peshkun brenda dhe jashtë. Thajeni me letër kuzhine. Bëni tre prerje diagonale me një thikë të mprehtë, rreth 2,5 cm/1 larg njëri-tjetrit, në të dyja anët e secilit peshk. Vendoseni kokë më bisht në një enë 30 3 20 cm/12 3 8. Sipër dhe bisht qepët, priteni secilën në fije përgjatë gjatësisë dhe shpërndajeni mbi peshk. Përziejini mirë përbërësit e mbetur dhe përdoreni për të lyer peshkun. Mbulojeni enën me film ngjitës (mbështjellës plastik) dhe ndajeni dy herë që të largohet avulli. Gatuani plotësisht për 12 minuta, duke e kthyer enën një herë. Transferoni peshkun në një pjatë servirjeje dhe lyeni me qepët dhe lëngjet nga ena.

Paketat e troftës

Shërben 2

Kuzhinierët profesionistë e quajnë këtë "truites en papilote". Parcelat e troftës të përgatitura me delikatesë thjesht bëjnë një kurs peshku të zgjuar.

2 troftë të mëdha të pastruara, 450 g/1 lb secila, të lara, por me kokë të mbetur
1 qepë, e prerë hollë
1 limon ose limon i vogël, i prerë në feta të trasha
2 gjethe dafine të thara të mëdha, të grimcuara trashë
2,5 ml/½ lugë gjelle herbes de Provence
5 ml/1 lugë kripë

Përgatitni dy drejtkëndësha pergamenë pjekjeje, 40 3 35 cm/16 3 14 në secilin. Vendosni qepën dhe fetat e limonit ose gëlqeres në zgavrat e peshkut me gjethet e dafinës. Transferoni në drejtkëndëshat e pergamenës dhe spërkatni me barishte dhe kripë. Mbështilleni çdo troftë individualisht, më pas vendosni të dy paketimet së bashku në një enë të cekët. Gatuani plotësisht për 14 minuta, duke e kthyer enën një herë. Lëreni të qëndrojë për 2 minuta. Transferoni secilën në një pjatë të ngrohur dhe hapni paketimet në tavolinë.

Peshku i shkëlqyer murg me fasule të holla

Shërben 4

125 g/4 oz fasule franceze (jeshile) ose keniane, kokat dhe bishtat
150 ml/¼ pt/2/3 filxhan ujë të vluar
450 g/1 paund peshk murg
15 ml/1 lugë miell misri
1,5–2,5 ml/¼–½ lugë e vogël pluhur kinez me pesë erëza
45 ml/3 lugë gjelle verë orizi ose sheri mesatar
5 ml/1 lugë gjelle salcë gocë deti në shishe
2,5 ml/½ lugë vaj susami
1 thelpi hudhër, e shtypur
50 ml/2 ml oz/3½ lugë gjelle ujë të nxehtë
15 ml/1 lugë gjelle salcë soje
Petë me vezë, për t'u shërbyer

Përgjysmoni fasulet. Vendoseni në një enë të rrumbullakët 1,25 litër/2¼ pt/5½ filxhan. Shtoni ujë të vluar. Mbulojeni me film ngjitës (mbështjellës plastik) dhe paloseni dy herë që të largohet avulli. Gatuani plotësisht për 4 minuta. Kullojini dhe lërini mënjanë. Lani spinaqin dhe e prisni në shirita të ngushtë. Përzieni miellin e misrit dhe pluhurin e erëzave me verën e orizit ose sherin derisa të jenë të lëmuara. Përziejini përbërësit e mbetur. Transferoni në enën në të cilën janë gatuar fasulet. Gatuani, pa mbuluar, të plota për 1½ minutë. Përziejini derisa të jetë homogjene, më pas përzieni fasulet dhe lëngun. Mbulojeni si më parë dhe gatuajeni plotësisht për 4 minuta. Lëreni të qëndrojë për 2 minuta, më pas përzieni dhe shërbejeni.

Karkaleca të shkëlqyera me Mangetout

Shërben 4

Përgatiteni si peshkun e shndritshëm me fasule të holla, por zëvendësoni fasulet me mangeout (bizele bore) dhe gatuajeni për vetëm 2½–3 minuta pasi duhet të mbeten të freskëta. Zëvendësoni karkalecat me lëvozhgë (karkaleca) për atdheun.

Normandy Cod me Sider dhe Calvados

Shërben 4

50 g/2 oz/¼ filxhan gjalpë ose margarinë

1 qepë e prerë shumë hollë

3 karota, të prera në feta shumë të holla

50 g/2 oz kërpudha, të prera dhe të prera hollë

4 biftekë të mëdhenj merluci, rreth 225 g/8 oz secili

5 ml/1 lugë kripë

150 ml/¼ pt/2/3 filxhan musht

15 ml/1 lugë miell misri

25 ml/1½ lugë gjelle ujë të ftohtë

15 ml/1 lugë gjelle calvados

Majdanoz, për zbukurim

Hedhim gjysmën e gjalpit ose margarinës në një enë të thellë me diametër 20 cm/8. Shkrihet, i pambuluar, i plotë për 45-60 sekonda. Përzieni qepën, karotat dhe kërpudhat. Sipër i vendosni peshkun në një shtresë të vetme. Pluhur me kripë. Hidhni mushtin në enë dhe vendosni biftekët me gjalpin ose margarinën e mbetur. Mbulojeni me film ngjitës (mbështjellës plastik) dhe paloseni dy herë që të largohet avulli. Gatuani plotësisht për 8 minuta, duke e kthyer enën katër herë. Hidhni me kujdes pijen e gatimit dhe lëreni mënjanë. Përzieni miellin e misrit pa probleme me ujin dhe kalvados. Shtoni lëngun e peshkut. Gatuani, pa mbuluar, në Plotë për 2–2½ minuta derisa salca të trashet, duke e përzier çdo 30 sekonda. Vendosni peshkun në një pjatë servirjeje të ngrohur dhe sipër perimeve. E mbulojmë me salcë dhe e zbukurojmë me majdanoz.

Paella e peshkut

Shërben 6–8

Pjata e parë e orizit në Spanjë, e njohur në mbarë botën përmes udhëtimeve ndërkombëtare.

900 g/2 lb fileto salmoni me lëkurë, të prerë në feta

1 pako shafran pluhur

60 ml/4 lugë gjelle ujë të nxehtë

30 ml/2 lugë gjelle vaj ulliri

2 qepë, të grira

2 thelpinj hudhre, te shtypura

1 spec jeshil (zile), i prerë me fara dhe i grirë trashë

225 g/8 oz/1 filxhan oriz rizoto italiane ose spanjolle

175 g/6 oz/1½ filxhan bizele të ngrira ose të freskëta

600 ml/1 pt/2½ gota ujë të vluar

7,5 ml/1½ lugë kripë

3 domate, të qëruara, të prera dhe të prera në katër pjesë

75 g/3 oz/¾ filxhan proshutë të gatuar, të prerë në feta

125 g/4 oz/1 filxhan karkaleca të qëruar (karkaleca)

250 g/9 oz/1 molusqe të mëdha të konservuara në shëllirë

Feta ose feta limoni, për të dekoruar

Vendosni kubat e salmonit rreth buzës së një tavë me diametër 25 cm/10 (furrë holandeze), duke lënë një boshllëk të vogël në qendër. Mbulojeni enën me film ngjitës (mbështjellës plastik) dhe ndajeni dy herë që të largohet avulli. Gatuani në shkrirje për 10-11 minuta, duke e kthyer enën dy herë, derisa peshku të duket i krisur dhe i sapo gatuar. Kullojeni dhe rezervoni lëngun dhe lëreni mënjanë salmonin. Lani dhe thani enën. Zbrazni shafranin në një tas të vogël, shtoni ujë të nxehtë dhe lëreni të ziejë për 10 minuta. Hidhni vajin në enën e pastruar dhe shtoni qepët, hudhrat dhe piperin jeshil. Gatuani, pa mbuluar, të plota për 4 minuta. Shtoni orizin, shafranin dhe ujin e njomur, bizelet, kubet e salmonit, lëngun e rezervuar të salmonit, ujin e vluar dhe kripën. Përziejini tërësisht, por butësisht. Mbulojeni si më parë dhe gatuajeni plotësisht për 10 minuta. Lëreni të qëndrojë në mikrovalë për 10 minuta. Gatuani plotësisht për 5 minuta të tjera. Zbuloni dhe përzieni me kujdes domatet dhe proshutën. E zbukurojmë me karkaleca, midhje dhe limon dhe e shërbejmë.

Harengë e pjekur

Shërben 4

4 harenga, rreth 450 g/1 lb secila, fileto
2 gjethe dafine të mëdha, të grimcuara trashë
15 ml/1 lugë gjelle erëz turshi të përzier
2 qepë të grira dhe të ndara në rrathë
150 ml/¼ pt/2/3 filxhan ujë të vluar
20 ml/4 lugë sheqer të grirë
10 ml/2 lugë kripë
90 ml/6 lugë uthull malti
Bukë me gjalpë, për të shërbyer

Rrokullisni çdo fileto harenge nga koka në fund të bishtit, anët e lëkurës brenda. Vendoseni në buzë të një enë të thellë me diametër 25 cm/10. Spërkateni me gjethe dafine dhe erëza. Mes harengave radhisni rrathët e qepëve. Përziejini mirë përbërësit e mbetur dhe hidhni me lugë peshkun. Mbulojeni me film ngjitës (mbështjellës plastik) dhe paloseni dy herë që të largohet avulli. Gatuani plot për 18 minuta. Lëreni të ftohet, më pas vendoseni në frigorifer. Hani të ftohtë me bukë dhe gjalpë.

Moules Marineries

Shërben 4

Pjatë kombëtare e Belgjikës, e shërbyer gjithmonë me një pjatë anësore me patatina (patate të skuqura).

900 ml/2 pts/5 gota midhje të freskëta
15 g/½ oz/l lugë gjelle gjalpë ose margarinë
1 qepë e vogël, e grirë
1 thelpi hudhër, e shtypur
150 ml/¼ pt/2/3 filxhan verë të bardhë të thatë
1 buqetë me garni
1 gjethe dafine e tharë, e grimcuar
7,5 ml/1½ lugë kripë
20 ml/4 lugë bukë të freskët të bardhë
20 ml/4 lugë majdanoz të grirë

Lani midhjet nën ujë të ftohtë të rrjedhshëm. Fërkoni çdo barnacle, pastaj prisni mjekrën. Hidhni midhjet me predha të çara ose ato që janë të hapura; mund të shkaktojë helmim nga ushqimi. Lani përsëri. Vendosni gjalpin ose margarinën në një tas të thellë. Shkrihet, i pambuluar, në Plotë për rreth 30 sekonda. Përzieni qepën dhe hudhrën. Mbulojeni me një pjatë dhe gatuajeni plotësisht për 6 minuta, duke e përzier dy herë. Shtoni verën, buqetën garni, gjethen e dafinës, kripën dhe midhjet. Përziejini butësisht që të përzihen. Mbulojeni si më parë dhe gatuajeni plotësisht për 5 minuta. Me anë të një luge me vrima, transferoni midhjet në katër tasa të thella ose pjata supe. Përzieni thërrimet e bukës dhe gjysmën e majdanozit në lëngun e gatimit, më pas hidhni me lugë midhjet. Spërkateni me majdanozin e mbetur dhe shërbejeni menjëherë.

Skumbri me salcë raven dhe rrush të thatë

Shërben 4

Salca e ëmbël dhe e thartë e ngjyrosur bukur balancon bukur skumbrin e pasur.

350 g/12 oz raven për bebe, i prerë në mënyrë të trashë
60 ml/4 lugë gjelle ujë të vluar
30 ml/2 lugë gjelle rrush të thatë
30 ml/2 lugë gjelle sheqer të grimcuar
2,5 ml/½ lugë esencë vanilje (ekstrakt)
Lëvozhgën e grirë imët dhe lëngun e gjysmë limoni të vogël
4 skumbri, i pastruar, i kockuar dhe i hequr kokat
50 g/2 oz/¼ filxhan gjalpë ose margarinë
Kripë dhe piper i zi i sapo bluar

Vendosim raven dhe ujin në një tavë (furrë holandeze). Mbulojeni me film ngjitës (mbështjellës plastik) dhe palloseni dy herë që të largohet avulli. Gatuani plotësisht për 6 minuta, duke e kthyer enën tre herë. Zbuloni dhe grijeni raven në një tul. Përzieni rrushin e thatë, sheqerin, esencën e vaniljes dhe lëkurën e limonit dhe më pas lërini mënjanë. Me anët e lëkurës përballë jush, palosni çdo skumbri në gjysmë nga koka te bishti. Në një enë të thellë me diametër 20 cm/8 vendosim gjalpin ose margarinën dhe lëngun e limonit. Shkrihet plotësisht për 2 minuta. Shtoni peshkun dhe lyejini me përbërësit e shkrirë. Spërkateni me kripë dhe piper. Mbulojeni me film ngjitës (mbështjellës plastik) dhe palloseni dy herë që të largohet avulli. Gatuani në të mesme për 14-16 minuta derisa peshku të duket i shkrifët. Lëreni të qëndrojë për 2 minuta. Ngrohni salcën me raven të plotë për një minutë dhe shërbejeni me skumbri.

Harengë me salcë molle

Shërben 4

Përgatiteni si skumbri me salcë raven dhe rrush të thatë, por në vend të ujit, në vend të ujit, zëvendësoni mollët e gatimit të qëruara dhe me bërthama (tartën) me raven dhe mushtin e zier. Lëreni rrushin e thatë.

Krap në salcë luftarake

Shërben 4

1 krap shumë i freskët i pastruar dhe i prerë në 8 feta të holla
30 ml/2 lugë gjelle uthull malti
3 karota, të prera hollë
3 qepë, të prera hollë
600 ml/1 pt/2½ gota ujë të vluar
10-15 ml/2-3 lugë kripë

Lani krapin dhe më pas zhytni për 3 orë në ujë të ftohtë të mjaftueshëm me uthull të shtuar për të mbuluar peshkun. (Kjo heq shijen e baltës.) Karotat dhe qepët i vendosim në një enë të thellë me diametër 23 cm/9 me ujë të vluar dhe kripë. Mbulojeni me film ngjitës (mbështjellës plastik) dhe paloseni dy herë që të largohet avulli. Gatuani plotësisht për 20 minuta, duke e kthyer enën katër herë. Kullojeni duke e rezervuar lëngun. (Perimet mund të përdoren diku tjetër në supë me peshk ose të skuqura.) Hidheni lëngun përsëri në enë. Shtoni krapin në një shtresë të vetme. Mbulojeni si më parë dhe gatuajeni në Fryrë për 8 minuta, duke e kthyer enën dy herë. Lëreni të qëndrojë për 3 minuta. Duke përdorur një pjesë të peshkut, transferojeni krapin në një pjatë të cekët. Mbulojeni dhe ftohuni.

Transferoni lëngun në një enë dhe ftohni derisa të ndriçohet. Hidhni pelte mbi peshk dhe shërbejeni.

Kajsi Rollmops

Shërben 4

75 g / 3 oz kajsi të thata
150 ml/¼ pt/2/3 filxhan ujë të ftohtë
3 rrokullisje të blera me qepë të copëtuara
150 g/5 ons/2/3 filxhan krem fraiche
Gjethet e përziera të sallatës
Bukë krokante

Lani kajsitë dhe pritini në copa sa një kafshatë. Vendoseni në një enë me ujë të ftohtë. Mbulojeni me një pjatë të përmbysur dhe ngroheni në Fletë për 5 minuta. Lëreni të qëndrojë për 5 minuta. Kullojeni. Pritini rrotat në shirita. Shtoni te kajsitë me qepët dhe kremin. Përziejini mirë. Mbulojeni dhe lëreni të marinohet në frigorifer për 4-5 orë. Shërbejeni në gjethe sallate me bukë të freskët.

Kipper i zier pa leje

Shërben 1

Futja me mikrovalë ndalon përhapjen e erës nëpër shtëpi dhe e lë kapësen të lëngshme dhe të butë.

1 kapëse e madhe e pangjyrosur, rreth 450 g/1 paund
120 ml/4 ml oz/½ filxhan ujë të ftohtë
Gjalpë ose margarinë

Pritini kapësen, hidhni bishtin. Zhyteni për 3-4 orë në disa ndërrime uji të ftohtë për të reduktuar kripën, nëse dëshironi, më pas kullojeni. Vendoseni në një enë të madhe dhe të cekët me ujë. Mbulojeni me film ngjitës (mbështjellës plastik) dhe paloseni dy herë që të largohet avulli. Gatuani plotësisht për 4 minuta. Shërbejeni në një pjatë të ngrohtë me një pullë gjalpë ose margarinë.

Karkalecat e Madras

Shërben 4

25 g/1 oz/2 lugë ghee ose 15 ml/1 lugë gjelle vaj kikiriku (kikiriku)

2 qepë, të grira

2 thelpinj hudhre, te shtypura

15 ml/1 lugë gjelle pluhur karri të nxehtë

5 ml/1 lugë çaji qimnon i bluar

5 ml/1 lugë gjelle garam masala

Lëng nga 1 gëlqere e vogël

150 ml/¼ pt/2/3 filxhan lëng peshku ose perimesh

30 ml/2 lugë gjelle pure domate (pastë)

60 ml/4 lugë sulltane (rrush i thatë)

450 g/1 lb/4 gota karkaleca të qëruara (karkaleca), të shkrirë nëse janë të ngrira

175 g/6 oz/¾ filxhan oriz të gjatë, të zier

Popadomet

Në një enë të thellë me diametër 20 cm/8 vendosim xhin ose vajin. Ngroheni, pa mbuluar, e plotë për 1 minutë. Përziejini mirë qepët dhe hudhrat. Gatuani, pa mbuluar, të plota për 3 minuta. Shtoni pluhurin e kerit, qimnon, garam masala dhe lëngun e limonit. Gatuani, pa mbuluar, të plota për 3 minuta, duke e përzier dy herë. Shtoni lëngun, purenë e domates dhe sulltaneshën. Mbulojeni me një pjatë të përmbysur dhe gatuajeni plotësisht për 5 minuta. Kulloni karkalecat nëse është e nevojshme, më pas shtoni në gjellë dhe hidhini për t'u kombinuar. Gatuani, pa mbuluar, të plota për 1½ minutë. Shërbejeni me oriz dhe papadom.

Martini Flounder Rolls me salcë

Shërben 4

8 fileto, 175 g/6 oz secila, të lara dhe të thara
Kripë dhe piper i zi i sapo bluar
Lëng nga 1 limon
2,5 ml/½ lugë salcë Worcestershire
25 g/1 oz/2 lugë gjelle gjalpë ose margarinë
4 qepe, të qëruara dhe të prera
100 g/3½ oz/1 filxhan proshutë të gatuar, të prerë në rripa
400 g/14 oz kërpudha, të prera hollë
20 ml/4 lugë miell misri
20 ml/4 lugë qumësht të ftohtë
250 ml/8 ml oz/1 filxhan lëng pule
150 g/¼ pt/2/3 filxhan 1 krem (i lehtë).
2,5 ml/½ lugë gjelle sheqer pluhur (shumë i imët).
1,5 ml/¼ lugë shafran i Indisë
10 ml/2 lugë martini bianco

I rregullojmë peshkun me kripë dhe piper. Marinojini në lëng limoni dhe salcë Worcestershire për 15-20 minuta. Shkrini gjalpin ose margarinën në një tigan. Shtoni qepujt dhe skuqini (skuqini) ngadalë derisa të jenë të buta dhe gjysmë transparente. Shtoni proshutën dhe kërpudhat dhe përziejini për 7 minuta. Përziejmë miellin e misrit me qumështin e ftohtë derisa të bëhet një masë homogjene dhe shtojmë pjesën tjetër të përbërësve. Rrotulloni filetot e pllakës dhe shtiza me shkopinj koktej (kruajtëse dhëmbësh). I rregullojmë në një enë të thellë me diametër 20 cm/8. Lyejeni me përzierjen e kërpudhave. Mbulojeni me film ngjitës (mbështjellës plastik) dhe paloseni dy herë që të largohet avulli. Gatuani plotësisht për 10 minuta.

Ragu i butakut me arra

Shërben 4

30 ml/2 lugë gjelle vaj ulliri
1 qepë e qëruar dhe e prerë
2 karota të qëruara dhe të grira hollë
3 bishta selino, të prera në rripa të ngushtë
1 spec i kuq (zile), i prerë me fara dhe i prerë në rripa
1 spec jeshil (zile), me fara dhe te prera ne rripa
1 kungull i njomë (kungull i njomë), i prerë dhe i prerë hollë
250 ml/8 ml oz/1 gotë verë roze
1 buqetë me garni
325 ml/11 floz/11/3 filxhanë lëng perimesh ose peshku
400 g/14 oz/1 kanaçe e madhe domate të prera në kubikë
Unaza kallamari 125 g/4 oz
125 g/4 oz midhje të prera
200 g/7 oz shollë limoni ose fileto llak, e prerë në copa
4 karkaleca gjigande (karkaleca jumbo), të ziera

50 g/2 oz/½ filxhan arra, të copëtuara trashë

30 ml/2 lugë gjelle ullinj të zinj me gurë.

10 ml/2 lugë xhin

Lëng i gjysmë limoni të vogël

2,5 ml/½ lugë e vogël sheqer të grimcuar

1 bagutë

30 ml/2 lugë gjelle gjethe borziloku të grira trashë

Hidheni vajin në një enë 2,5 litra/4½ pt/11 filxhan. Ngroheni, pa mbuluar, e plotë për 2 minuta. Shtoni perimet e përgatitura dhe hidhini në vaj që të lyhen. Mbulojeni me film ngjitës (mbështjellës plastik) dhe paloseni dy herë që të largohet avulli. Gatuani plotësisht për 5 minuta. Shtoni verën dhe buqetën garni. Mbulojeni si më parë dhe gatuajeni plotësisht për 5 minuta. Shtoni lëngun, domatet dhe peshkun. Mbulojeni përsëri dhe gatuajeni plotësisht për 10 minuta. Përziejini të gjithë përbërësit e mbetur përveç borzilokut. Mbulojeni përsëri dhe gatuajeni plotësisht për 4 minuta. Spërkateni me borzilok dhe shërbejeni të nxehtë.

Hot-pot cod

Shërben 4

25 g/1 oz/2 lugë gjelle gjalpë ose margarinë

1 qepë e qëruar dhe e prerë

2 karota të qëruara dhe të grira hollë

2 kërcell selino, të prera hollë

150 ml/¼ pt/2/3 filxhan verë të bardhë mesatare të thatë

400 g/14 oz fileto merluci me lëkurë, të prerë në kubikë të mëdhenj

15 ml/1 lugë miell misri

75 ml/5 lugë qumësht të ftohtë

350 ml/12 floz/1½ filxhan lëng peshku ose perimesh

Kripë dhe piper i zi i sapo bluar

75 ml/5 lugë gjelle kopër të copëtuar (barërat e këqija të koprës)

300 ml/½ pt/1¼ filxhan krem i dyfishtë (i rëndë), i rrahur lehtë

2 te verdha veze

Në një tavë me diametër 20 cm/8 (furrë holandeze) vendosim gjalpin ose margarinën. Ngroheni, pa mbuluar, e plotë për 2 minuta. Përzieni perimet dhe verën. Mbulojeni me film ngjitës (mbështjellës plastik) dhe paloseni dy herë që të largohet avulli. Gatuani plotësisht për 5 minuta. Lëreni të qëndrojë për 3 minuta. Zbuloni. Shtoni peshkun tek perimet. Përziejmë miellin e misrit me qumështin e ftohtë derisa të bëhet një masë homogjene, më pas shtojmë në tavën me lëngun. Një sezon. Mbulojeni si më parë dhe gatuajeni plotësisht për 8 minuta. Shtoni koprën. Përziejmë mirë kremin me të verdhat e vezëve dhe e përziejmë në tavë. Mbulojeni dhe gatuajeni plotësisht për 1½ minutë.

Hot-pot Smoked Cod

Shërben 4

Përgatiteni si për merlucën Hot-pot, por zëvendësoni fileton e merlucit të tymosur me të freskët.

Peshku murg në salcë kremi me limon të artë

Shërben 6

300 ml/½ pt/1¼ filxhan qumësht kremi të plotë
25 g/1 oz/2 lugë gjelle gjalpë ose margarinë, në temperaturën e kuzhinës
675 g/1½ lb biftekë me fileto, të prera në copa sa një kafshatë
45 ml/3 lugë gjelle miell i thjeshtë (për të gjitha qëllimet).
2 te verdha veze te medha

Lëng i 1 limoni të madh
2,5–5 ml/½ –1 lugë kripë
2,5 ml/½ lugë e vogël tarragon i grirë imët
Kuti vol-au-vent të gatuara (lëvozhgë) ose feta buke ciabatta të thekur

Qumështin e derdhni në një enë dhe e ngrohni, pa mbuluar, për 2 minuta. Vendosni gjalpin ose margarinën në një enë të thellë me diametër 20 cm/8. Shkrini, pa mbuluar, në shkrirje për 1½ minutë. Lyejmë copat e peshkut me miell dhe i shtojmë gjalpit ose margarinës në enë. Hidhni ngadalë qumështin. Mbulojeni me film ngjitës (mbështjellës plastik) dhe paloseni dy herë që të largohet avulli. Gatuani plotësisht për 7 minuta. Rrahim të verdhat e vezëve, lëngun e limonit dhe kripën dhe i përziejmë me peshkun. Gatuani, pa mbuluar, të plota për 2 minuta. Lëreni të qëndrojë për 5 minuta. E trazojmë mirë, e spërkasim me tarragon dhe e shërbejmë në kuti vol-au-vent ose me feta ciabatta të thekur.

Tabani në salcë kremi me limon të artë

Shërben 6

Përgatiteni si Monkfish në salcë kremi me limon të artë, por zëvendësoni tabanin, të prerë në rripa, për copat e peshkut murg.

Salmon Hollandaise

Shërben 4

4 biftekë salmon, 175–200 g/6–7 oz secila
150 ml/¼ pt ujë/2/3 filxhani ujë ose verë e bardhë e thatë
2,5 ml/½ lugë e vogël kripë
Salcë Hollandeze

Biftekët i radhisim në faqet e një ene të thellë me diametër 20 cm/8. Shtoni ujë ose verë. Spërkatni peshkun me kripë. Mbulojeni me film ngjitës (mbështjellës plastik) dhe paloseni dy herë që të largohet avulli. Gatuani në shkrirje (për të parandaluar avullimin e salmonit) për 16-18 minuta. Lëreni të qëndrojë për 4 minuta. Hiqeni në katër pjata të nxehta me një pjesë të peshkut, kullojeni lëngun. Lyejeni secilën me salcën Hollandaise.

Salmon Hollandezë me koriandër

Shërben 4

Përgatiteni si për salmon Hollandaise, por shtoni 30 ml/2 lugë gjelle koriandër të copëtuar (cilantro) në salcë sapo të ketë mbaruar zierja. Për aromë shtesë, përzieni 10 ml/2 lugë çaji balsam limoni të copëtuar.

Flake e majonezës së salmonit

Shërben 6

900 g/2 lb fileto salmoni i freskët, i pastruar nga lëkura
Kripë dhe piper i zi i sapo bluar
Gjalpë ose margarinë e shkrirë (opsionale)
50 g/2 oz/½ filxhan bajame të grira (të copëtuara), të thekura
1 qepë e vogël, e grirë hollë
30 ml/2 lugë majdanoz i grirë hollë
5 ml/1 lugë gjelle tarragon të grirë
200 ml/7 ml oz/i paket 1 filxhan majonezë të stilit francez
Gjethet e marules
Spërkatje me kopër, për të dekoruar

Ndani salmonin në katër pjesë. Vendoseni në buzë të një enë të thellë me diametër 25 cm/10. I spërkasim me kripë dhe piper dhe i hedhim sipër pak gjalpë të shkrirë ose margarinë nëse dëshironi. Mbulojeni me film ngjitës (mbështjellës plastik) dhe paloseni dy herë që të largohet avulli. Gatuani në shkrirje për 20 minuta. Lëreni të ftohet në të vakët, më pas grijeni peshkun me dy pirunë. Transferoni në një tas, shtoni gjysmën e bajameve dhe qepën, majdanozin dhe tarragonin. Butësisht përzieni majonezën derisa të përzihet mirë dhe të laget. Rrini një pjatë të gjatë shërbimi me gjethe marule. Sipër vendosni një rresht majonezë salmon. Spërkateni me bajamet e mbetura dhe zbukurojeni me kopër.

Salmon i pjekur në skarë në stilin mesdhetar

Shërben 6–8

Salmon i prerë në gjysmë 1,5 kg/3 lb
60 ml/4 lugë gjelle vaj ulliri
60 ml/4 lugë gjelle lëng limoni
60 ml/4 lugë gjelle pure domate (pastë)
15 ml/1 lugë gjelle gjethe borziloku të grira
7,5 ml/1½ lugë kripë
45 ml/3 lugë kaperi të vogël, të kulluar
45 ml/3 lugë majdanoz i grirë

Lani salmonin dhe sigurohuni që të gjitha luspat të jenë hequr. Vendoseni në një enë të thellë me diametër 20 cm/8. Përziejini së bashku përbërësit e mbetur dhe hidhni me lugë peshkun. E mbulojmë me një pjatë dhe e lëmë të marinohet në frigorifer për 3 orë. Mbulojeni me film ngjitës (mbështjellës plastik) dhe palloseni dy herë që të largohet avulli. Gatuani plotësisht për 20 minuta, duke e kthyer enën dy herë. Ndani në pjesë për ta shërbyer.

Kedgeree me Curry

Shërben 4

Dikur një pjatë mëngjesi, veçanërisht e lidhur me ditët koloniale në Indi rreth fundit të shekullit, kedgeree tani shërbehet më shpesh për drekë.

350 g/12 oz fileto merluci të tymosur ose merluci
60 ml/4 lugë gjelle ujë të ftohtë
50 g/2 oz/¼ filxhan gjalpë ose margarinë
225 g/8 oz/1 filxhan oriz basmati
15 ml/1 lugë gjelle pluhur i butë kerri
600 ml/1 pt/2½ gota ujë të vluar
3 vezë të ziera fort (të ziera).
150 ml/¼ pt/2/3 filxhan 1 krem (i lehtë).
15 ml/1 lugë majdanoz i grirë
Kripë dhe piper i zi i sapo bluar
Degët e majdanozit, për zbukurim

Vendoseni peshkun në një enë të cekët me ujë të ftohtë. Mbulojeni me film ngjitës (mbështjellës plastik) dhe paloseni dy herë që të largohet avulli. Gatuani plotësisht për 5 minuta. Kullojeni. Pritini mishin me dy pirunë, hiqni lëkurën dhe kockat. Vendosni gjalpin ose margarinën në një enë të rrumbullakët rezistente ndaj nxehtësisë 1,75 litër/3 pt/7½ filxhan dhe shkrini në shkrirje për 1½–2 minuta. Përzieni orizin, pluhurin e kerit dhe ujin e vluar. Mbulojeni si më parë dhe gatuajeni plotësisht për 15 minuta. Pritini dy nga vezët dhe i përzieni në enë me peshkun, ajkën dhe majdanozin, i përzieni sipas shijes. Piruni rrumbullakët, mbulojeni me një pjatë të përmbysur dhe ringrojeni në Full për 5 minuta. Rrihni vezën e mbetur. Hiqeni enën nga mikrovala dhe zbukurojeni me vezën e grirë dhe degëzat e majdanozit.

Kedgeree me salmon të tymosur

Shërben 4

Përgatiteni si Kedgeree me Curry, por zëvendësoni 225 g/8 oz salmon të tymosur (lox), të prerë në shirita, për merlucin ose merlucin e tymosur. Salmoni i tymosur nuk ka nevojë të gatuhet paraprakisht.

Kiche Peshku i Tymosur

Shërben 6

175 g/6 oz pastë me kore të shkurtra (kore bazë byreku)
1 e verdhë veze e rrahur
125 g/4 oz peshk i tymosur si skumbri, merluci, merluci ose trofta, i gatuar dhe i lekuruar
3 vezë
150 ml/¼ pt/2/3 filxhan salcë kosi (qumësht i thartë).
30 ml/2 lugë majonezë
Kripë dhe piper i zi i sapo bluar
75 g/3 oz/¾ filxhan djathë çedar, i grirë
Paprika
Sallatë e përzier

Lyejeni pak gjalpë një enë qelqi ose porcelani me diametër 20 cm/8. Hapeni brumin dhe përdorni për të shtruar enën e lyer me yndyrë. Shponi mirë përreth, veçanërisht aty ku pala takohet me bazën. Gatuani, pa mbuluar, për 6 minuta, duke e kthyer enën dy herë. Nëse shfaqet ndonjë fryrje, shtypni me gishta të mbrojtur nga dorezat e furrës. Shtypni brenda tepsisë (koren e byrekut) me të verdhën e vezës. Gatuani tërësisht për një minutë për të mbyllur çdo vrimë. Hiqeni nga furra. Mbuloni bazën me peshk. Rrihni vezët me kremin dhe majonezën, duke erëza sipas shijes. Hidheni në quiche dhe spërkatni me djathë dhe paprika. Gatuani, pa mbuluar, të plota për 8 minuta. Shërbejeni të nxehtë me sallatë.

Gumbo e karkalecave të Luizianës

Shërben 8

3 qepë, të grira
2 thelpinj hudhre
3 bishta selino të grira hollë
1 spec jeshil (zile), i prerë dhe i grirë imet
50 g/2 oz/¼ filxhan gjalpë
60 ml/4 lugë gjelle miell i thjeshtë (për të gjitha qëllimet).
900 ml/1½ pt/3¾ filxhanë lëng të nxehtë perimesh ose pulë
350 g/12 oz bamje (gishtat e zonjës), me fytyrë dhe bisht
15 ml/1 lugë gjelle kripë
10 ml/2 lugë lugë koriandër të bluar (cilantro)
5 ml/1 lugë shafran i Indisë
2,5 ml/½ lugë erëza të bluara
30 ml/2 lugë gjelle lëng limoni
2 gjethe dafine
5–10 ml/1–2 lugë salcë tabasko
450 g/1 lb/4 filxhanë karkaleca me lëvozhgë të gatuar (karkaleca), të shkrirë nëse janë të ngrira
350 g/12 oz/1½ filxhan oriz i gjatë, i zier

Vendosni qepët në një tas 2,5 litra/4½ pt/11 filxhan. Thërrmoni hudhrën sipër. Shtoni selinon dhe piperin jeshil. Shkrihet gjalpi i plotë për 2 minuta. Përzieni miellin. Gatuani, pa mbuluar, në Plotë për 5-7 minuta, duke e trazuar katër herë dhe duke e parë me kujdes për djegie, derisa përzierja të bëhet një roux e lehtë në ngjyrë biskota. Gradualisht përzieni në lëng. Le menjane. Pritini bamjet në copa dhe shtoni te perimet me të gjithë përbërësit e mbetur përveç Tabaskos dhe karkalecave, por duke përfshirë përzierjen roux. Mbulojeni me film ngjitës (mbështjellës plastik) dhe paloseni dy herë që të largohet avulli. Gatuani plotësisht për 25 minuta. Lëreni të qëndrojë për 5 minuta. Llokoçis në Tabasco dhe karkaleca. Hidhni me lugë në enë të thella të ngrohura dhe shtoni një grumbull orizi të sapo gatuar në secilën prej tyre. Hani menjëherë.

Monkfish Gumbo

Shërben 8

Përgatiteni si Luiziana Prawn Gumbo, por zëvendësoni karkalecat me të njëjtën peshë të peshkut murg me kocka, të prerë në shirita. Mbulojeni me film ngjitës (mbështjellës plastik) dhe gatuajeni plotësisht për 4 minuta përpara se ta transferoni në tasat për servirje.

Peshku i përzier Gumbo

Shërben 8

Përgatiteni si Luiziana Prawn Gumbo, por zëvendësoni karkalecat (karkaleca) me fileto peshku të prera në kubikë të ndryshëm.

Troftë me bajame

Shërben 4

50 g/2 oz/¼ filxhan gjalpë
15 ml/1 lugë gjelle lëng limoni
4 trofta mesatare
50 g/2 oz/½ filxhan bajame të grira (të copëtuara), të thekura
Kripë dhe piper i zi i sapo bluar
4 feta limoni
Degëzat e majdanozit

Shkrini gjalpin në shkrirje për 1½ minutë. Përzieni lëngun e limonit. Vendosim troftën, kokë më bisht, në një enë 25 3 20 cm/10 3 8 me gjalpë. Lyejeni peshkun me përzierjen e gjalpit dhe spërkatni me bajame dhe erëza. Mbulojeni me film ngjitës (mbështjellës plastik) dhe paloseni dy herë që të largohet avulli. Gatuani plotësisht për 9-12 minuta, duke e kthyer enën dy herë. Lëreni të qëndrojë për 5 minuta. Transferoni në katër pjata të nxehta. Hidhni sipër lëngun e gatimit dhe zbukurojeni me feta limoni dhe degë majdanozi.

Karkaleca deti provansal

Shërben 4

225 g/8 oz/1 filxhan oriz me kokrra të gjata që gatuhet lehtë
600 ml/1 pt/2½ filxhan lëng peshku ose pule të nxehtë
5 ml/1 lugë kripë
15 ml/1 lugë gjelle vaj ulliri
1 qepë, e grirë
1-2 thelpinj hudhër, të shtypura
6 domate të mëdha shumë të pjekura, të zbardhura, të qëruara dhe të grira
15 ml/1 lugë gjelle gjethe borziloku të grira
5 ml/1 lugë çaji sheqer kafe të errët
450 g/1 lb/4 gota karkaleca të ngrira me lëvozhgë (karkaleca), jo të shkrirë
Kripë dhe piper i zi i sapo bluar
majdanoz i grirë

Vendoseni orizin në një enë 2 litra/3½ pt/8½ filxhan. Përzieni lëngun e nxehtë dhe kripën. Mbulojeni me film ngjitës (mbështjellës plastik) dhe paloseni dy herë që të largohet avulli. Gatuani plot për 16 minuta. Lëreni të qëndrojë për 8 minuta që orizi të thithë të gjithë lagështinë. Hidheni vajin në një enë për servirje 1,75 litra/3 pt/7½ filxhan. Ngroheni, pa mbuluar, të plotë për 1½ minutë. Përzieni qepën dhe hudhrën. Gatuani, pa mbuluar, të plota për 3 minuta, duke e përzier dy herë. Shtoni domatet tek boriloku dhe sheqeri. Mbulojeni me një pjatë dhe gatuajeni plotësisht për 5 minuta, duke e përzier dy herë. Përzieni karkalecat e ngrira dhe erëzat për shije. Mbulojeni si më parë dhe gatuajeni plotësisht për 4 minuta, më pas ndani butësisht karkalecat. Mbulojeni përsëri dhe gatuajeni për 3 minuta të tjera. Lëreni të ulet. E mbulojmë orizin me një pjatë dhe e ngrohim në shkrirje për 5-6 minuta. Hidhni me lugë në katër pjata të ngrohura dhe sipër shtoni përzierjen e peshkut dhe domateve. Spërkateni me majdanoz dhe shërbejeni të nxehtë.

Pele në salcë selino me bajame të pjekura

Shërben 4

8 fileto, pesha totale rreth 1 kg/2¼ lb
300 ml/10 ml oz/1 kanaçe kremi i kondensuar i supës me selino
150 m/¼ pt/2/3 filxhan ujë të vluar
15 ml/1 lugë majdanoz i grirë hollë
30 ml/2 lugë gjelle bajame të grira, të thekura

Rrotulloni filetot e peshkut nga koka te bishti, anët e lëkurës brenda. Vendoseni rreth buzës së një ene të lyer me gjalpë me diametër 25 cm/10. Hidhni butësisht supën dhe ujin dhe përzieni majdanozin. Lugë mbi peshk. Mbulojeni enën me film ngjitës (mbështjellës plastik) dhe ndajeni dy herë që të largohet avulli. Gatuani plotësisht për 12 minuta, duke e kthyer enën dy herë. Lëreni të qëndrojë për 5 minuta. Gatuani plotësisht për 6 minuta të tjera. Hidhni me lugë në pjata të ngrohura dhe shërbejeni të spërkatur me bajame.

Fileto në salcën e domates së borzilokut

Shërben 4

Përgatiteni si për flounder në salcën e bajameve të pjekura, por zëvendësoni supën e kondensuar me domate për selinon dhe 2,5 ml/½ lugë borzilok të thatë për majdanozin.

Fileto në salcë kërpudhash me lakërishtë

Shërben 4

Përgatiteni si për plehun në salcën e bajameve të pjekura me selino, por zëvendësoni selinon me supën e kondensuar me kërpudha dhe majdanozin 30 ml/2 lugë gjelle lakërishtë të grirë.

merluc hashed me vezë të ziera

Shërben 4

Kjo u gjet në një fletore të shkruar me dorë të shekullit të nëntëmbëdhjetë, e cila i përkiste gjyshes së një miku të vjetër.

675 g/1½ lb fileto merluci me lëkurë
10 ml/2 lugë gjalpë të shkrirë ose margarinë ose vaj luledielli
Paprika
Kripë dhe piper i zi i sapo bluar
50 g/2 oz/¼ filxhan gjalpë ose margarinë
8 qepë të mëdha (qepëza), të prera dhe të prera
350 g / 12 oz patate të ziera të ftohtë, të prera në kubikë
150 ml/¼ pt/2/3 filxhan 1 krem (i lehtë).
5 ml/1 lugë kripë
4 vezë
175 ml/6 ml oz/¾ filxhan ujë të ngrohtë
5 ml/1 lugë uthull

Rregulloni peshkun në një enë të cekët. Lyejeni me pak gjalpë të shkrirë ose margarinë ose vaj. I rregullojmë me paprika, kripë dhe piper. Mbulojeni me film ngjitës (mbështjellës plastik) dhe paloseni dy herë që të largohet avulli. Gatuani në shkrirje për 14–16 minuta. Shponi peshkun me dy pirunë, hiqni kockat. Hedhim gjalpin, margarinën ose vajin e mbetur në një tavë me diametër 20 cm/8 (furrë holandeze). Ngroheni, pa mbuluar, në shkrirje për 1½ -2 minuta. I trazojmë qepët. Mbulojeni me një pjatë dhe gatuajeni plotësisht për 5 minuta. Përzieni peshkun me patatet, kremin dhe kripën. Mbulojeni si më parë dhe ngroheni përsëri për 5-7 minuta derisa të nxehet shumë, duke e përzier një ose dy herë. Mbani ngrohtë. Për të zier vezët, thyeni butësisht dy në një enë të vogël dhe shtoni gjysmën e ujit dhe gjysmën e uthullës. Zgjidhni të verdhën e verdhë me majën e një thike. Mbulojeni me një pjatë dhe gatuajeni plotësisht për 2 minuta. Lëreni të qëndrojë për një minutë. Përsëriteni me vezët e mbetura, ujë të nxehtë dhe uthull. Hidhni pjesë të hashit në katër pjata të nxehta dhe sipër secilës me një vezë.

Murriz dhe perime në salcën e mushtit

Shërben 4

50 g/2 oz/¼ filxhan gjalpë ose margarinë
1 qepë e prerë hollë dhe e ndarë në rrathë
3 karota, të prera hollë
50 g/2 oz kërpudha butona, të prera në feta
4 copa murriz ose peshk tjetër të bardhë të pastruar dhe me lëkurë
5 ml/1 lugë kripë
150 ml/¼ pt/2/3 filxhanë musht mesatar të ëmbël
10 ml/2 lugë miell misri
15 ml/1 lugë gjelle ujë të ftohtë

Hedhim gjysmën e gjalpit ose margarinës në një enë të thellë me diametër 20 cm/8. Shkrini, pa mbuluar, në shkrirje për rreth 1½ minutë. Shtoni qepën, karotat dhe kërpudhat. Sipër e rregulloni peshkun. Spërkateni me kripë. Hidhni mushtin ngadalë mbi peshk. Njohim me gjalpin ose margarinën e mbetur. Mbulojeni me film ngjitës (mbështjellës plastik) dhe paloseni dy herë që të largohet avulli. Gatuani plotësisht për 8 minuta. Në një enë qelqi, përzieni miellin e misrit me ujë të ftohtë dhe përzieni butësisht pijen e peshkut. Gatuani, pa mbuluar, në Plotë për 2½ minuta derisa të trashet, duke e përzier çdo minutë. Hidhni sipër peshkut dhe perimeve. Hidhni me lugë në pjata të ngrohura dhe hani menjëherë.

Byrek buzë detit

Shërben 4

Për pjesën e sipërme:
700 g / 1½ lb miell patate, me peshë të paqëruar
75 ml/5 lugë gjelle ujë të vluar
15 ml/1 lugë gjelle gjalpë ose margarinë
75 ml/5 lugë qumësht ose krem i vetëm (i lehtë).
Kripë dhe piper i sapo bluar
Arrëmyshk i grirë

Për salcën:
300 ml/½ pt/1¼ filxhan qumësht të ftohtë
30 ml/2 lugë gjelle gjalpë ose margarinë
20 ml/4 lugë lugë miell i thjeshtë (për të gjitha qëllimet).
75 ml/5 lugë djathë Leicester i kuq ose me ngjyrë Cheddar, i grirë në rende
5 ml/1 lugë gjelle mustardë e plotë
5 ml/1 lugë salcë Worcestershire

Për përzierjen e peshkut:
450 g/1 lb fileto peshku të bardhë me lëkurë, në temperaturën e kuzhinës
Gjalpë ose margarinë e shkrirë
Paprika
60 ml/4 lugë gjelle djathë Leicester i kuq ose me ngjyrë Cheddar, i grirë në rende

Për të bërë majë, lani dhe qëroni patatet dhe pritini në kubikë të mëdhenj. Vendoseni në një enë 1,5 litër/2½ pt/6 filxhan me ujë të vluar. Mbulojeni me film ngjitës (mbështjellës plastik) dhe paloseni dy herë që të largohet avulli. Gatuani plotësisht për 15 minuta, duke e kthyer enën dy herë. Lëreni të qëndrojë për 5 minuta. I kullojmë dhe i përziejmë mirë me gjalpë ose margarinë dhe qumësht ose krem, i rrahim derisa të zbuten. I rregullojmë sipas shijes me kripë, piper dhe arrëmyshk.

Për të bërë salcën, ngrohni qumështin, pa mbuluar, të plotë për 1½ minutë. Le menjane. Shkrini gjalpin ose margarinën, të pambuluar, në shkrirje për 1–1½ minuta. Përzieni miellin. Gatuani, pa mbuluar, plotësisht për 30 sekonda. Përziejeni gradualisht qumështin. Gatuani tërësisht për rreth 4 minuta, duke e tundur çdo minutë për të siguruar butësi, derisa salca të trashet. Përzieni djathin me pjesën tjetër të përbërësve të salcës.

Për të bërë përzierjen e peshkut, vendosni filetat në një enë të cekët dhe lyeni me gjalpë të shkrirë ose margarinë. I rregullojmë me paprika, kripë dhe piper. Mbulojeni me film ngjitës (mbështjellës plastik) dhe paloseni dy herë që të largohet avulli. Gatuani plotësisht për 5-6 minuta. Shponi peshkun me dy pirunë, duke hequr çdo kockë. Transferoni në një enë 1,75 litra/3 pt/7½ filxhan të lyer me gjalpë. Përzieni salcën. Mbulojeni me patate dhe spërkatni me djathë dhe paprika shtesë. Ngroheni, pa mbuluar, të plotë për 6-7 minuta.

Mbushëse peshku të tymosur

Shërben 2

2 porcione murriz të tymosur të ngrirë, 175 g/6 oz secila
Piper i zi i sapo bluar
1 kungull i njomë (kungull i njomë), i grirë
1 qepë e vogël, e prerë hollë
2 domate të qëruara, të prera dhe të prera
½ piper i kuq (zile), i prerë me fara dhe i prerë në rripa
15 ml/1 lugë gjelle qiqra të grira

Rendisim peshkun në një enë të thellë me diametër 18 cm/7. Sezoni me piper. Mbulojeni me film ngjitës (mbështjellës plastik) dhe paloseni dy herë që të largohet avulli. Gatuani plotësisht për 8 minuta. Hidhni lëngun me lugë peshkut, më pas lëreni të qëndrojë për një minutë. Vendosini perimet në një tavë tjetër me madhësi mesatare (furrë holandeze). Mbulojeni me një pjatë dhe gatuajeni plotësisht për 5 minuta, duke e përzier një herë. Hidhni me lugë perimet sipër peshkut. Mbulojeni si më parë dhe gatuajeni plotësisht për 2 minuta. Spërkateni me qiqra dhe shërbejeni.

Fileto Coley me marmelatë presh dhe limon

Shërben 2

Një marrëveshje jo e mirë nga Autoriteti i Ushqimit të Detit në Edinburg, i cili gjithashtu dhuroi tre recetat e mëposhtme.

15 ml/1 lugë gjelle gjalpë
1 thelpi hudhër, të qëruar dhe të shtypur
1 presh i ndarë dhe i prerë në feta hollë
2 fileto coley, 175 g/6 oz secila, me lëkurë
Lëng i gjysmë limoni
10 ml/2 lugë marmelatë limoni
Kripë dhe piper i zi i sapo bluar

Në një enë të thellë me diametër 18 cm/7 vendosim gjalpin, hudhrën dhe preshin. Mbulojeni me film ngjitës (mbështjellës plastik) dhe paloseni dy herë që të largohet avulli. Gatuani plotësisht për 2½ minuta. Zbuloni. Sipër i rregullojmë filetot dhe i spërkasim me gjysmën e lëngut të limonit. Mbulojeni si më parë dhe gatuajeni plotësisht për 7 minuta. Transferoni peshkun në dy pjata të nxehta dhe mbajeni të ngrohtë. Përzieni lëngun e mbetur të limonit, marmeladën dhe erëzat në lëngun e peshkut dhe preshin. Mbulojeni me një pjatë dhe gatuajeni plotësisht për 1½ minutë. Hidhni me lugë peshkun dhe shërbejeni.

Peshk deti në një xhaketë

Shërben 4

4 patate pjekjeje të paqëruara por të qëruara mirë
450 g/1 lb fileto peshku të bardhë, të hequr nga lëkura dhe e prerë në kubikë
45 ml/3 lugë gjelle gjalpë ose margarinë
3 qepë (qepëza), të prera dhe të prera
30 ml/2 lugë gjelle mustardë e plotë
1,5 ml/¼ lugë paprika, plus shtesë për pluhurosje
30–45 ml/2–3 lugë kos të thjeshtë
Kripë

I vendosim patatet direkt në tavolinë rrotulluese, i mbulojmë me letër kuzhine dhe i kaurdisim plot për 16 minuta. Mbulojeni me një peshqir të pastër (peshqir enësh) dhe lëreni mënjanë. Vendoseni peshkun në një tavë me diametër 18 cm/7 (furrë holandeze) me gjalpë ose margarinë, qepë, mustardë dhe paprikë. Mbulojeni me një pjatë dhe gatuajeni plotësisht për 7 minuta, duke e përzier dy herë. Lëreni të qëndrojë për 2 minuta. Përzieni kosin dhe kripën sipas shijes. Pritini një kryq në secilën patate dhe shtypni butësisht për t'u hapur. Mbushni me përzierjen e peshkut, pudrosni me paprika dhe hani të nxehtë.

Merluci suedez me gjalpë të shkrirë dhe vezë

Shërben 4

300 ml/½ pt/1¼ filxhan ujë të ftohtë

3 karafil të tërë

5 kokrra dëllinjë

1 gjethe dafine, e grimcuar

2,5 ml/½ lugë erëz turshi të përzier

1 qepë të prerë në katër pjesë

10 ml/2 lugë kripë

4 biftekë të freskët merluci të prera në gjysmë, 225 g/8 oz secili
75 g/3 oz/2/3 filxhan gjalpë
2 vezë të ziera (të ziera fort) (faqe 98–99), të qëruara dhe të prera

Në një enë qelqi vendosni ujin, karafilin, kokrrat e dëllinjës, gjethet e dafinës, erëzat turshi, të katërtat e qepëve dhe kripën. Mbulojeni me film ngjitës (mbështjellës plastik) dhe paloseni dy herë që të largohet avulli. Gatuani plotësisht për 15 minuta. tendosje. Vendoseni peshkun në një enë të thellë me diametër 25 cm/10 dhe derdhni lëngun e kulluar. Mbulojeni me film ngjitës dhe thyeni dy herë që të largohet avulli. Gatuani plotësisht për 10 minuta, duke e kthyer enën dy herë. Transferoni peshkun në një enë të nxehtë, duke përdorur një pjesë të peshkut dhe mbajeni të ngrohtë. Shkrihet gjalpi i pambuluar në shkrirje për 2 minuta. Hidhni mbi peshk. Spërkateni me vezë të rrahura dhe shërbejeni.

Ushqim deti Stroganoff

Shërben 4

30 ml/2 lugë gjelle gjalpë ose margarinë
1 thelpi hudhër, e shtypur
1 qepë, e grirë
125 g/4 oz kërpudha butona
700 g/1½ lb fileto peshku të bardhë, të hequr nga lëkura dhe në kubikë

150 ml/¼ pt/2/3 filxhan salcë kosi (qumësht i thartë) ose krem i thartë
Kripë dhe piper i zi i sapo bluar
30 ml/2 lugë majdanoz i grirë

Në një tavë me diametër 20 cm/8 (furrë holandeze) vendosim gjalpin ose margarinën. Shkrini, pa mbuluar, në shkrirje për 2 minuta. Shtoni hudhrën, qepën dhe kërpudhat. Mbulojeni me film ngjitës (mbështjellës plastik) dhe paloseni dy herë që të largohet avulli. Gatuani plotësisht për 3 minuta. Shtoni kubet e peshkut. Mbulojeni si më parë dhe gatuajeni plotësisht për 8 minuta. Hidhni kremin dhe rregulloni me kripë dhe piper. Mbulojeni përsëri dhe gatuajeni plotësisht për 1½ minutë. Shërbejeni të spërkatur me majdanoz.

Tuna i freskët Stroganoff

Shërben 4

Përgatiteni si ushqim deti Stroganoff, por zëvendësoni peshkun e bardhë me ton shumë të freskët.

Ragu suprem i peshkut të bardhë

Shërben 4

30 ml/2 lugë gjelle gjalpë ose margarinë

1 qepë, e grirë

2 karota, të grira hollë

6 bishta selino, të prera hollë

150 ml/¼ pt/2/3 filxhan verë të bardhë

400 g/14 oz fileto merluci me lëkurë ose murri, të prera në feta

10 ml/2 lugë miell misri

90 ml/6 lugë krem i vetëm (i lehtë).

150 ml/¼ pt/2/3 filxhan lëng perimesh

Kripë dhe piper i zi i sapo bluar

2,5 ml/½ lugë esencë açuge (ekstrakt) ose salcë Worcestershire

30 ml/2 lugë gjelle kopër të copëtuar (barërat e këqija të koprës)

300 ml/½ pt/1¼ filxhan krem për rrahje

2 te verdha veze

Në një tavë me diametër 20 cm/8 (furrë holandeze) vendosim gjalpin ose margarinën. Ngroheni, pa mbuluar, e plotë për 2 minuta. Shtoni perimet dhe verën. Mbulojeni me film ngjitës (mbështjellës plastik) dhe paloseni dy herë që të largohet avulli. Gatuani plotësisht për 5 minuta. Lëreni të qëndrojë për 3 minuta. Shtoni peshkun tek perimet. Përzieni miellin e misrit në krem, më pas përzieni lëngun. I rregullojmë me kripë, piper dhe esencë açugeje ose salcë Worcestershire. Hidhni mbi peshk. Mbulojeni si më parë dhe gatuajeni plotësisht për 8 minuta. Përzieni koprën, më pas rrihni së bashku kremin dhe të verdhat e vezëve dhe përzieni në masën e peshkut. Mbulojeni si më parë dhe gatuajeni në shkrirje për 3 minuta.

Mus salmon

Shërben 8

30 ml/2 lugë xhelatinë pluhur
150 ml/¼ pt/2/3 filxhan ujë të ftohtë
418 g/15 oz/1 kanaçe e madhe salmon i kuq
150 ml/¼ pt/2/3 filxhan majonezë kremoze
15 ml/1 lugë gjelle mustardë e butë e bërë

10 ml/2 lugë salcë Worcestershire

30 ml/2 lugë çatney frutash, të prera nëse është e nevojshme

Lëng i gjysmë limoni të madh

2 te bardha veze te medha

Një majë kripë

lakërishtë, feta kastraveci, zarzavate sallatë dhe feta të freskëta lime, për zbukurim

Përzieni xhelatinën në 75 ml/5 lugë ujë të ftohtë dhe lëreni të qëndrojë për 5 minuta që të zbutet. Shkrini, pa mbuluar, në shkrirje për 2½–3 minuta. Përziejini përsëri dhe përzieni me ujin e mbetur. Hidheni përmbajtjen e kanaçes së salmonit në një tas mjaft të madh dhe qiteni me një pirun, duke hequr lëkurën dhe kockat, më pas grijeni mirë. Përzieni xhelatinën e shkrirë, majonezën, mustardën, salcën Worcestershire, chutney dhe lëngun e limonit. Mbulojeni dhe ftoheni derisa të fillojë të trashet dhe vendosini skajet. Rrihni të bardhat e vezëve deri në maja të forta. Rrihni një të tretën e përzierjes së salmonit me kripë. Palosni të bardhat e mbetura të vezëve dhe transferojeni përzierjen në një formë unaze 1,5 litër/2½ pt/6 filxhan, duke e shpëlarë fillimisht me ujë të ftohtë. Mbulojeni me film ngjitës (mbështjellës plastik) dhe ftohuni për 8 orë derisa të forcohet. Para se të shërbeni, zhyteni me shpejtësi mykun deri në buzë brenda dhe jashtë ujit të ftohtë për t'u liruar. Vëreni butësisht një thikë të lagur rreth anëve, më pas kthejeni në një pjatë të madhe të lagur. (Njomja ndalon ngjitjen e xhelatinës.) Zbukuroni në mënyrë tërheqëse me shumë lakërishtë, feta kastraveci, zarzavate sallate dhe copa gëlqereje.

Mus salmon dietik

Shërben 8

Përgatiteni si për Mousse-in e Salmonit, por zëvendësoni majonezën nga frais ose quark.

Gaforrja Mornay

Shërben 4

300 ml/½ pt/1 ¼ filxhan qumësht kremi të plotë
10 ml/2 lugë erëz turshi të përzier
1 qepë e vogël, e prerë në 8 feta
2 degë majdanoz
Një majë arrëmyshk
30 ml/2 lugë gjelle gjalpë
30 ml/2 lugë gjelle miell i thjeshtë (për të gjitha qëllimet).
Kripë dhe piper i zi i sapo bluar
75 g/3 oz/¾ filxhan djathë Gruyère (zvicerian), i grirë
5 ml/1 lugë mustardë kontinentale
350 g/12 oz të përgatitur gaforre të lehta dhe të errëta
Feta dolli

Hidheni qumështin në një enë qelqi ose plastike dhe përzieni erëzat e turshive, copat e qepëve, majdanozin dhe arrëmyshkun. Mbulojeni me një pjatë dhe nxeheni në Full për 5-6 minuta derisa qumështi të fillojë të trashet. tendosje. Vendosni gjalpin në një tas 1,5 litër/2½ pt/6 filxhan dhe shkrini në shkrirje për 1½ minutë. Përzieni miellin. Gatuani plotësisht për 30 sekonda. Përziejini gradualisht qumështin e nxehtë. Gatuani tërësisht për rreth 4 minuta, duke e përzier çdo minutë, derisa salca të marrë një valë dhe të trashet. I rregullojmë me kripë dhe piper dhe i përziejmë djathin dhe mustardën. Gatuani plotësisht për 30 sekonda ose derisa djathi të shkrihet. Përzieni mishin e gaforres.

Mbulojeni me një pjatë dhe ngroheni plotësisht për 2-3 minuta. Shërbejeni mbi bukë të thekur të sapo bërë.

Tuna Mornay

Shërben 4

Përgatiteni si Crab Mornay, por mishin e gaforres zëvendësoni tonin e konservuar në vaj. Shpojmë mishin me dy pirunë dhe ia shtojmë salcës me vajin e kanaçes.

Salmon i kuq Mornay

Shërben 4

Përgatiteni si Crab Mornay, por zëvendësoni salmonin e kuq të konservuar, të kulluar dhe të hequr nga lëkura, për mishin e gaforres.

Kombinimi i ushqimeve të detit dhe arrave

Shërben 4

45 ml/3 lugë gjelle vaj ulliri

1 qepë, e grirë

2 karota, të prera në feta

2 kërcell selino, të prera hollë

1 spec i kuq (zile), i prerë me fara dhe i prerë në rripa

1 spec jeshil (zile), me fara dhe te prera ne rripa

1 kungull i njomë (kungull i njomë), i prerë në feta hollë

250 ml/8 ml oz/1 filxhan verë të bardhë

Një majë erëzash të përziera

300 ml/½ pt/1¼ filxhan lëng peshku ose perimesh

450 g/1 lb domate të pjekura, të zbardhura, të qëruara dhe të prera

Unaza kallamari 125 g/4 oz

400 g/14 oz fileto tabani i shojzës ose limonit, i prerë në katrorë

125 g/4 oz midhje të gatuara

4 karkaleca të mëdha të ziera (karkaleca)

50 g/2 oz/½ filxhan gjysma ose copa arre

50 g/2 oz/1/3 filxhan sulltane (rrush të thatë)

Një copë sheri

Kripë dhe piper i zi i sapo bluar

Lëng nga 1 limon

30 ml/2 lugë majdanoz i grirë

Ngrohni vajin në një tavë 2,5 litra/4½ pt/11 filxhan (furrë holandeze) të mbushur për 2 minuta. Shtoni të gjitha perimet. Gatuani, pa mbuluar, të plota për 5 minuta, duke e përzier dy herë. Shtoni verën, erëzat, lëngun dhe domatet në të gjithë peshqit dhe ushqimet e detit. Mbulojeni me film ngjitës (mbështjellës plastik) dhe paloseni dy herë që të largohet avulli. Gatuani plotësisht për 10 minuta. Përziejini të gjithë përbërësit e mbetur përveç majdanozit. Mbulojeni si më parë dhe gatuajeni plotësisht për 4 minuta. Zbulojeni, spërkatni me majdanoz dhe shërbejeni menjëherë.

Unazë salmon me kopër

Shërben 8–10

125 g/4 oz/3½ feta bukë të bardhë me teksturë të lirë
900 g/2 lb fileto salmoni të freskët me lëkurë, të prerë në feta

10 ml/2 lugë salcë açuge në shishe
5–7,5 ml/1–1½ lugë kripë
1 thelpi hudhër, e shtypur
4 vezë të mëdha, të rrahura
25 g/1 oz kopër të freskët (barërat e këqija të koprës)
Piper i bardhë

Lyejeni pak gjalpë një enë të thellë me diametër 23 cm/9. Thërrime buke në një përpunues ushqimi. Shtoni të gjithë përbërësit e mbetur. Pulsoni makinën derisa masa të jetë e kombinuar dhe peshku të jetë grirë trashë. Shmangni përzierjen e tepërt përndryshe përzierja do të jetë e rëndë dhe e dendur. Përhapeni në mënyrë të barabartë në enën e përgatitur dhe shtyni në qendër një kavanoz reçeli për bebe (konservim) ose filxhan vezësh me anë të drejtë, në mënyrë që përzierja të formojë një rreth. Mbulojeni me film ngjitës (mbështjellës plastik) dhe paloseni dy herë që të largohet avulli. Gatuani plotësisht për 15 minuta, duke e kthyer enën dy herë. (Unaza do të tkurret nga ana e enës.) Lëreni të qëndrojë derisa të ftohet, më pas mbulojeni përsëri dhe vendoseni në frigorifer. Pritini në copa dhe shërbejeni. Mbetjet mund të përdoren në sanduiçe.

Unaza e perzier e peshkut me majdanoz

Shërben 8–10

Përgatiteni si për Unazën e Salmonit me Kopër, por zëvendësoni salmonin me një përzierje të filetos së freskët të salmonit me lëkurë, shojzë e gjysmë dhe murriz dhe 45 ml/3 lugë majdanoz të grirë për kopër.

Tavë me merluc me proshutë dhe domate

Shërben 6

30 ml/2 lugë gjelle gjalpë ose margarinë

225 g/8 oz gammon, i prerë në feta të trasha

2 qepë, të grira

1 piper i madh jeshil (zile), i prerë me fara dhe i prerë në rripa

2 3 400 g/2 3 14 oz/2 kanaçe të mëdha domate

15 ml/1 lugë gjelle mustardë e butë kontinentale

45 ml/3 lugë gjelle Cointreau ose Grand Marnier

Kripë dhe piper i zi i sapo bluar

700 g/1½ lb fileto merluci me lëkurë, të prerë në feta

2 thelpinj hudhre, te shtypura

60 ml/4 lugë gjelle grimca buke kafe të thekur

15 ml/1 lugë gjelle vaj kikiriku (kikiriku) ose luledielli

Vendosni gjalpin ose margarinën në një enë me tavë 2 litra/3½ pt/8½ filxhan (furrë holandeze). Ngroheni, pa mbuluar, të plotë për 1½ minutë. Përzieni gamonin, qepët dhe specat. Gatuani, pa mbuluar, në shkrirje për 10 minuta, duke e përzier dy herë. Hiqeni nga mikrovala. Punojini domatet duke i copëtuar me pirun dhe përzieni mustardën, likerin dhe erëzat. Mbulojeni me film ngjitës (mbështjellës plastik) dhe paloseni dy herë që të largohet avulli. Gatuani plotësisht për 6 minuta. Shtoni peshkun dhe hudhrën. Mbulojeni si më parë dhe gatuajeni në Medium për 10 minuta. Spërkateni me thërrime buke dhe hidhni vaj sipër. Ngroheni, pa mbuluar, e plotë për 1 minutë.

Tenxhere me fileto peshku

Shërben 2

I mbushur me salcë të nxehtë jalapeno dhe i kalitur me vendosmëri, shijoni këtë festë të mrekullueshme të peshkut me bukë franceze me kore dhe verë të kuqe fshatare.

2 qepë, të grira trashë
2 thelpinj hudhre, te shtypura
15 ml/1 lugë gjelle vaj ulliri
400 g/14 oz/1 kanaçe e madhe domate të prera në kubikë
200 ml/7 ml oz/i pakët 1 gotë verë roze
15 ml/1 lugë gjelle Pernod ose Ricard (pastis)
10 ml/2 lugë salcë jalapeno
2,5 ml/½ lugë salcë piper djegës
10 ml/2 lugë gjelle garam masala
1 gjethe dafine
2,5 ml/½ lugë e vogël rigon të tharë
2,5–5 ml/½–1 lugë kripë
225 g/8 oz murg me lëkurë ose shojzë e kuqe, të prerë në rripa
12 karkaleca të mëdha të ziera (karkaleca)
2 fiston të mëdhenj, të prerë në rripa
30 ml/2 lugë gjelle koriandër të grirë (cilantro), për dekorim

Vendosni qepët, hudhrat dhe vajin në një tavë me 2 litra/3½ pt/8½ filxhan (furrë holandeze). Mbulojeni me një pjatë dhe gatuajeni plotësisht për 3 minuta. Përziejini përbërësit e mbetur përveç peshkut, ushqimeve të detit dhe koriandrit. Mbulojeni si më parë dhe gatuajeni plotësisht për 6 minuta, duke e përzier tre herë. Llokoçis në shojzë e kuqe ose shojzë e kuqe. Mbulojeni si më parë dhe gatuajeni në shkrirje për 4 minuta derisa peshku të zbardhet. Përzieni karkalecat dhe fiston. Mbulojeni si më parë dhe gatuajeni në shkrirje për 1½ minutë. Përziejini, hidhni me lugë pjata të thella dhe spërkatni secilën me koriandër. Shërbejeni menjëherë.

PULËN në furrë

Pula e pjekur në mikrovalë mund të jetë e shijshme dhe me shije tërheqëse nëse trajtohet me një brumë të përshtatshëm dhe lihet pa mbushje.

1 pulë gati në furrë, sipas nevojës

Për bazën:
25 g/1 oz/2 lugë gjelle gjalpë ose margarinë
5 ml/1 lugë paprika
5 ml/1 lugë salcë Worcestershire
5 ml/1 lugë salcë soje
2,5 ml/½ lugë kripë hudhre ose 5 ml/1 lugë pastë hudhre
5 ml/1 lugë pure domate (pastë)

Vendoseni pulën e larë dhe të tharë në një enë mjaft të madhe që të mbahet rehat dhe gjithashtu të futet në mikrovalë. (Nuk duhet të jetë i thellë.) Për të bërë lëvozhgën, shkrini gjalpin ose margarinën në Plotë për 30–60 sekonda. Përziejini përbërësit e mbetur dhe hidheni me lugë sipër pulës. Mbulojeni me film ngjitës (mbështjellës plastik) dhe paloseni dy herë që të largohet avulli. Gatuani plotësisht për 8 minuta për 450 g/1 lb, duke e kthyer enën çdo 5 minuta. Në mes të gatimit, fikni mikrovalën dhe lëreni zogun të qëndrojë brenda për 10 minuta, më pas përfundoni gatimin. Lëreni të qëndrojë për 5 minuta të tjera. Transferoni në një dërrasë gdhendjeje, mbulojeni me fletë metalike dhe lëreni të qëndrojë për 5 minuta përpara se të gdhendni.

Pulë me xham

Përgatiteni si për pulën e pjekur, por shtoni lëvozhgën 5 ml/1 lugë çaji të zezë (melasë), 10 ml/2 lugë sheqer kaf, 5 ml/1 lugë çaji lëng limoni dhe 5 ml/1 lugë salcë kafe. Lejoni një kohë gatimi shtesë 30 sekonda.

Pulë Tex-Mex

Përgatiteni si për pulën e pjekur. Pas gatimit, ndajeni zogun në pjesë dhe vendoseni në një enë të pastër. Sipër shtoni salsa të blerë në dyqan, mesatare në të nxehtë për shije. Spërkateni me 225 g/8 oz/2 filxhanë djathë çedar të grirë. Ngroheni, pa mbuluar, në shkrirje për rreth 4 minuta derisa djathi të shkrihet dhe të flluska. Shërbejeni me fasule të skuqura të konservuara dhe feta avokado të spërkatura me lëng limoni.

Pulë kurorëzimi

1 pule e pjekur

45 ml/3 lugë gjelle verë të bardhë

30 ml/2 lugë gjelle pure domate (pastë)

30 ml/2 lugë çatni mango

30 ml/2 lugë gjelle reçel kajsie të situr (të lakuar) (të konservuar)

30 ml/2 lugë gjelle ujë

Lëng i gjysmë limoni

10 ml/2 lugë pastë e butë kerri

10 ml/2 lugë sheri

300 ml/½ pt/1¼ filxhan majonezë të trashë

60 ml/4 lugë krem pana

225 g/8 oz/1 filxhan oriz i gjatë, i zier

lakërishtë

Ndiqni recetën e pulës së pjekur, duke përfshirë edhe pastën. Pas zierjes, hiqeni mishin nga kockat dhe priteni në copa sa një kafshatë. Vendoseni në një tas përzierjeje. Hidhni verën në një enë dhe shtoni purenë e domates, chutney-n, reçelin, ujin dhe lëngun e limonit. Ngroheni, pa mbuluar, e plotë për 1 minutë. Lëreni të ftohet. Punoni në pastën e kerit, sherry dhe majonezë dhe shtoni kremin. Kombinoje me pulë. Vendosni një shtrat me oriz në një pjatë të madhe servirjeje dhe hidhni me lugë përzierjen e pulës. Dekoroni me lakërishtë.

Pulë Veronique

1 pule e pjekur
1 qepë e grirë hollë
25 g/1 oz/2 lugë gjelle gjalpë ose margarinë
150 ml/¼ pt/2/3 filxhan krem fraiche
30 ml/2 lugë gjelle portë e bardhë ose sheri mesatare e thatë
60 ml/4 lugë majonezë e trashë
10 ml/2 lugë mustardë e bërë
5 ml/1 lugë domate ketchup (catsup)
1 kërcell selino të vogël, të grirë
75 g/3 oz rrush jeshil pa fara
Tufa të vogla rrushi pa fara jeshile ose të kuqe, për të dekoruar

Ndiqni recetën e pulës së pjekur, duke përfshirë edhe pastën. Pas zierjes, hiqeni mishin nga kockat dhe priteni në copa sa një kafshatë. Vendoseni në një tas përzierjeje. Vendosim qepën në një tas të vogël me gjalpë ose margarinë dhe e kaurdisim të pambuluar për 2 minuta. Në tasin e tretë, rrihni së bashku kremin, portin ose sherin, majonezën, mustardën, ketchup-in e domates dhe selinon. Palosni pulën me qepën e zier dhe rrushin. Hidhni me lugë në një pjatë servirjeje dhe zbukurojeni me tufa rrushi.

Pulë në salcë uthull me tarragon

Përshtatur nga një recetë e zbuluar në një restorant të bukur në Lyons, Francë, në fillim të viteve 1970.

1 pule e pjekur
25 g/1 oz/2 lugë gjelle gjalpë ose margarinë
30 ml/2 lugë miell misri
15 ml/1 lugë gjelle pure domate (pastë)
45 ml/3 lugë krem i dyfishtë (i rëndë).
45 ml/3 lugë gjelle uthull malti
Kripë dhe piper i zi i sapo bluar

Ndiqni recetën e pulës së pjekur, duke përfshirë edhe pastën. Pritini zogun e gatuar në gjashtë pjesë, mbulojeni me fletë metalike dhe mbajeni të ngrohtë në një pjatë. Për të bërë salcën, derdhni lëngjet e gatimit të pulës në një enë matëse dhe bëni deri në 250 ml/8 floz/1 filxhan ujë të nxehtë. Vendosni gjalpin ose margarinën në një enë të veçantë dhe ngrohni të pambuluar për një minutë. Hidhni miellin e misrit, purenë e domates, kremin dhe uthullën dhe i rregulloni sipas shijes me kripë dhe piper të zi të sapo bluar. Përziejini gradualisht lëngjet e pulës së nxehtë. Gatuani, pa mbuluar, në Plotë për 4-5 minuta derisa të trashet dhe të fryjë, duke e përzier çdo minutë. Hidhni sipër pulën dhe shërbejeni menjëherë.

Pulë e pjekur daneze me mbushje majdanoz

Përgatiteni si për pulën e pjekur, por bëni disa të çara në lëkurën e pulës së papjekur dhe paketoni me degëza të vogla majdanozi. Vendosni 25 g/1 oz/2 lugë gjelle gjalpë hudhre në zgavrën e trupit. Më pas vazhdoni si në recetë.

Pulë Simla

Një specialitet anglo-indian që i përket ditëve të Raxhit.

1 pule e pjekur
15 ml/1 lugë gjelle gjalpë
5 ml/1 lugë gjelle xhenxhefil me rrënjë të grirë imët
5 ml/1 lugë pure hudhre (pastë)
2,5 ml/½ lugë shafran i Indisë
2,5 ml/½ lugë paprika
5 ml/1 lugë kripë
300 ml/½ pt/1¼ filxhan krem për rrahje
Unaza qepe të skuqura (të kripura), të bëra vetë ose të blera, për zbukurim

Ndiqni recetën e pulës së pjekur, duke përfshirë edhe pastën. Pas gatimit, priteni zogun në gjashtë pjesë dhe mbajeni të ngrohtë në një pjatë të madhe ose në një enë. Ngroheni gjalpin në një enë 600 ml/1 pt/2½ filxhan në Plotë për 1 minutë. Shtoni purenë e xhenxhefilit dhe hudhrës. Gatuani, pa mbuluar, të plota për 1½ minutë. Përzieni shafranin e Indisë, paprikën dhe kripën, më pas kremin. Ngroheni, pa mbuluar, në Plotë për 4-5 minuta derisa kremi të fillojë të flluskojë, duke e përzier të paktën katër herë. Hidhni sipër pulën dhe zbukurojeni me rrathë qepë.

Pulë pikante me kokos dhe koriandër

Shërben 4

Një pjatë me kerri me erëza delikate nga Afrika e Jugut.

8 porcione pule, 1,25 kg/2¾ £ gjithsej
45 ml/3 lugë arrë kokosi të tharë (të grirë).
1 djegës jeshil, rreth 8 cm/3 i gjatë, i prerë me fara dhe i grirë
1 thelpi hudhër, e shtypur
2 qepë, të grira
5 ml/1 lugë shafran i Indisë
5 ml/1 lugë gjelle xhenxhefil të bluar
10 ml/2 lugë çaji pluhur i butë kerri
90 ml/6 lugë gjelle koriandër të grirë trashë (cilantro)
150 ml/¼ pt/2/3 filxhan qumësht kokosi të konservuar
125 g/4 oz/½ filxhan gjizë me djegës
Kripë
175 g/6 oz/¾ filxhan oriz të gjatë, të zier
Chutney, për të shërbyer

Lëroni pulën. Vendoseni rreth buzës së një pjate të thellë me diametër 25 cm/10, duke i shtyrë pjesët afër njëra-tjetrës në mënyrë që të përshtaten mirë. Mbulojeni me film ngjitës (mbështjellës plastik) dhe paloseni dy herë që të largohet avulli. Gatuani plotësisht për 10 minuta, duke e kthyer enën dy herë. Hidhni kokosin në një tas me të gjithë përbërësit e mbetur përveç orizit. I trazojmë mirë. Zbuloni pulën dhe lyejeni me përzierjen e kokosit. Mbulojeni si më parë dhe gatuajeni në Fryrë për 10 minuta, duke e kthyer enën katër herë. Shërbejeni në pjata të thella mbi një grumbull orizi me chutney të dhënë veçmas.

Lepur pikant

Shërben 4

Përgatiteni si pulë pikante me kokos dhe koriandër, por zëvendësoni pulën tetë racione lepuri.

Gjel deti pikant

Shërben 4

Përgatiteni si për pulën pikante me arrë kokosi dhe koriandër, por zëvendësoni tetë copa 175 g/6 oz të filetos së gjoksit të gjelit të detit me kocka për pulën.

Bredie pule me domate

Shërben 6

Zierje e Afrikës së Jugut, duke përdorur kombinimin më të popullarizuar të njerëzve.

30 ml/2 lugë vaj luledielli ose misri
3 qepë, të grira hollë
1 thelpi hudhër, e grirë imët
1 djegës i vogël i gjelbër, i prerë dhe i grirë
4 domate të qëruara, të prera dhe të grira
750 g/1½ lb gjoks pule me kocka, i prerë në kubikë të vegjël
5 ml/1 lugë çaji sheqer kafe të errët
10 ml/2 lugë pure domate (pastë)
7,5–10 ml/1½ –2 lugë kripë

Hidhni vajin në një enë të thellë me diametër 25 cm/10. Shtoni qepët, hudhrat dhe specin djegës dhe përziejini mirë. Gatuani, pa mbuluar, për 5 minuta. Shtoni përbërësit e mbetur në enë dhe bëni një zgavër të vogël në qendër me një filxhan vezësh në mënyrë që përzierja të formojë një rreth. Mbulojeni me film ngjitës (mbështjellës plastik) dhe paloseni dy herë që të largohet avulli. Gatuani plotësisht për 14 minuta, duke e kthyer enën katër herë. Lëreni të qëndrojë për 5 minuta përpara se ta shërbeni.

Pulë e kuqe kineze e gatuar

Shërben 4

Një zierje e sofistikuar kineze, pula merr një ngjyrë sofër ndërsa zihet në salcë. Hani me shumë oriz të zier për të thithur lëngjet e kripura.

6 kërpudha të thata kineze
8 shkopinj të mëdhenj pule, 1 kg/2¼ £ gjithsej
1 qepë e madhe, e grirë në rende
60 ml/4 lugë xhenxhefil të konservuar të grirë imët
75 ml/5 lugë gjelle sheri të ëmbël
15 ml/1 lugë gjelle e zezë (melasa)
Lëkurë e grirë nga 1 mandarinë ose agrume të ngjashme me lëvozhgë të lirshme
50 ml/2 ml oz/3½ filxhanë salcë soje

Thithni kërpudhat në ujë të nxehtë për 30 minuta. Kullojini dhe prisni në rripa. Ndani pjesët mishore të daulleve dhe vendosini në buzë të një ene të thellë me diametër 25 cm/10 me skajet e kockave të drejtuara nga qendra. Mbulojeni me film ngjitës (mbështjellës plastik) dhe paloseni dy herë që të largohet avulli. Gatuani plotësisht për 12 minuta, duke e kthyer enën tre herë. Përziejini së bashku përbërësit e mbetur, përfshirë kërpudhat, dhe hidhni me lugë pulën. Mbulojeni si më parë dhe gatuajeni plotësisht për 14 minuta. Lëreni të qëndrojë për 5 minuta përpara se ta shërbeni.

Krahët e pulës aristokratike

Shërben 4

Një recetë kineze shekullore, e preferuar nga elita dhe e ngrënë me petë me vezë.

8 kërpudha të thata kineze
6 qepë (qepëza), të grira trashë
15 ml/1 lugë gjelle vaj kikiriku (kikiriku).
900 g/2 paund krahë pule
225 g/8 oz fidane bambuje të copëtuara të konservuara
30 ml/2 lugë miell misri
45 ml/3 lugë gjelle verë orizi kinez ose sheri mesatarisht të thatë
60 ml/4 lugë salcë soje
10 ml/2 lugë gjelle xhenxhefil me rrënjë të freskët të grirë imët

Thithni kërpudhat në ujë të nxehtë për 30 minuta. I kullojmë dhe e presim në katërsh. Qepët dhe vaji vendosen në një enë të thellë me diametër 25 cm/10. Gatuani, pa mbuluar, të plota për 3 minuta. Përziejini. Renditni krahët e pulës në enë duke lënë një boshllëk të paloseni dy herë që të largohet avulli. Gatuani plotësisht për 14 minuta, duke e kthyer enën katër herë. Lëreni të qëndrojë për 5 minuta përpara se ta shërbeni.

Pulë e kuqe kineze e gatuar

Shërben 4

Një zierje e sofistikuar kineze, pula merr një ngjyrë sofër ndërsa zihet në salcë. Hani me shumë oriz të zier për të thithur lëngjet e kripura.

6 kërpudha të thata kineze
8 shkopinj të mëdhenj pule, 1 kg/2¼ £ gjithsej
1 qepë e madhe, e grirë në rende
60 ml/4 lugë xhenxhefil të konservuar të grirë imët
75 ml/5 lugë gjelle sheri të ëmbël
15 ml/1 lugë gjelle e zezë (melasa)
Lëkurë e grirë nga 1 mandarinë ose agrume të ngjashme me lëvozhgë të lirshme
50 ml/2 ml oz/3½ filxhanë salcë soje

Thithni kërpudhat në ujë të nxehtë për 30 minuta. Kullojini dhe prisni në rripa. Ndani pjesët mishore të daulleve dhe vendosini në buzë të një ene të thellë me diametër 25 cm/10 me skajet e kockave të drejtuara nga qendra. Mbulojeni me film ngjitës (mbështjellës plastik) dhe paloseni dy herë që të largohet avulli. Gatuani plotësisht për 12 minuta, duke e kthyer enën tre herë. Përziejini së bashku përbërësit e mbetur, përfshirë kërpudhat, dhe hidhni me lugë pulën. Mbulojeni si më parë dhe gatuajeni plotësisht për 14 minuta. Lëreni të qëndrojë për 5 minuta përpara se ta shërbeni.

Krahët e pulës aristokratike

Shërben 4

Një recetë kineze shekullore, e preferuar nga elita dhe e ngrënë me petë me vezë.

8 kërpudha të thata kineze
6 qepë (qepëza), të grira trashë
15 ml/1 lugë gjelle vaj kikiriku (kikiriku).
900 g/2 paund krahë pule
225 g/8 oz fidane bambuje të copëtuara të konservuara
30 ml/2 lugë miell misri
45 ml/3 lugë gjelle verë orizi kinez ose sheri mesatarisht të thatë
60 ml/4 lugë salcë soje
10 ml/2 lugë gjelle xhenxhefil me rrënjë të freskët të grirë imët

Thithni kërpudhat në ujë të nxehtë për 30 minuta. I kullojmë dhe e presim në katërsh. Qepët dhe vaji vendosen në një enë të thellë me diametër 25 cm/10. Gatuani, pa mbuluar, të plota për 3 minuta. Përziejini. Renditni krahët e pulës në enë duke lënë një boshllëk të vogël në qendër. Mbulojeni me film ngjitës (mbështjellës plastik) dhe paloseni dy herë që të largohet avulli. Gatuani plotësisht për 12 minuta, duke e kthyer enën tre herë. Zbuloni. Mbulojeni me lastarët e bambusë dhe lëngun e kanaçes dhe sipër spërkatni kërpudhat. Përzieni miellin e misrit pa probleme me verën e orizit ose sheri. Shtoni përbërësit e mbetur. Hidhni sipër pulës dhe perimeve. Mbulojeni si më parë dhe gatuajeni në Plotë për 10-12 minuta derisa lëngu të fryjë. Lëreni të qëndrojë për 5 minuta përpara se ta shërbeni.

Chicken Chow Mein

Shërben 4

½ kastravec, i qëruar dhe i prerë në kubikë
275 g/10 oz/2½ filxhanë pule të gatuar të ftohtë, të prerë në kubikë të vegjël
450 g/1 lb perime të freskëta të përziera për tiganisje
30 ml/2 lugë salcë soje
30 ml/2 lugë sheri mesatare të thatë
5 ml/1 lugë vaj susami
2,5 ml/½ lugë e vogël kripë
Petë kineze të ziera, për t'u shërbyer

Vendosni kastravecat dhe pulën në një enë 1,75 litra/3 pt/7½ filxhan. Përziejini të gjithë përbërësit e mbetur. Mbulojeni me një pjatë të madhe dhe gatuajeni plotësisht për 10 minuta. Lëreni të qëndrojë për 3 minuta përpara se ta shërbeni me petët kineze.

Pres pule Suey

Shërben 4

Përgatiteni si Chicken Chow Mein, por zëvendësoni petët e orizit me kokërr të gjatë të zier.

Pulë kineze e marinuar Express

Shërben 3

Shije autentike por sa më e shpejtë. Hani me oriz ose petë dhe turshi kineze.

6 kofshë pule të trasha, rreth 750 g/1½ paund në total
125 g/4 oz/1 filxhan kokrra misri të ëmbël, gjysma e shkrirë nëse është e ngrirë
1 presh i grirë
60 ml/4 lugë gjelle marinadë kineze e blerë

Vendoseni pulën në një tas të thellë dhe shtoni përbërësit e mbetur. Përziejini mirë. Mbulojeni dhe ftoheni për 4 orë. Përzieje. Transferoni në një enë të thellë me diametër 23 cm/9 dhe rregulloni pulën rreth buzës. Mbulojeni me film ngjitës (mbështjellës plastik) dhe paloseni dy herë që të largohet avulli. Gatuani plotësisht për 16 minuta, duke e kthyer enën katër herë. Lëreni të qëndrojë për 5 minuta përpara se ta shërbeni.

Pulë Hong Kongu me perime të përziera dhe lakër fasule

Shërben 2–3

4 kërpudha të thata kineze
1 qepë e madhe, e grirë
1 karotë, e grirë në rende
15 ml/1 lugë gjelle vaj kikiriku (kikiriku).
2 thelpinj hudhre, te shtypura
225 g / 8 oz / 2 filxhanë pule të gatuar, të prerë në rripa
275 g/10 oz lakër fasule
15 ml/1 lugë gjelle salcë soje
1,5 ml/¼ luge vaj susami
Një majë e mirë piper kajen
2,5 ml/½ lugë e vogël kripë
Oriz i zier ose petë kineze, për t'u shërbyer

Thithni kërpudhat në ujë të nxehtë për 30 minuta. Kullojini dhe prisni në rripa. Vendosni qepën, karotën dhe vajin në një enë 1,75 litra/3 pt/7½ filxhan. Gatuani, pa mbuluar, të plota për 3 minuta. Përziejini përbërësit e mbetur. Mbulojeni me film ngjitës (mbështjellës plastik) dhe paloseni dy herë që të largohet avulli. Gatuani plotësisht për 5 minuta, duke e kthyer enën tre herë. Lëreni të qëndrojë për 5 minuta përpara se ta shërbeni me oriz ose petë.

Pulë me salcë Golden Dragon

Shërben 4

4 fuga të mëdha pule me mish, 225 g/8 oz secila, të hequra nga lëkura
Miell i thjeshtë (për të gjitha qëllimet).
1 qepë e vogël, e grirë
2 thelpinj hudhre, te shtypura
30 ml/2 lugë salcë soje
30 ml/2 lugë sheri mesatare të thatë
30 ml/2 lugë gjelle vaj kikiriku (kikiriku).
60 ml/4 lugë gjelle lëng limoni
60 ml/4 lugë gjelle sheqer kafe të butë
45 ml/3 lugë gjelle reçel kajsie i shkrirë dhe i situr (i lakuar) (i konservuar)
5 ml/1 lugë gjelle koriandër të bluar (cilantro)
3-4 pika salcë piper djegës
Sallatë me lakër fasule dhe petë kineze, për t'u shërbyer

Pjesët e trasha të fugave të pulës i ndajmë në disa vende me thikë të mprehtë, i pudrosim me miell, më pas i rregullojmë në një enë të thellë me diametër 25 cm/10. Përziejini mirë së bashku përbërësit e mbetur. Hidhni sipër pulës. Mbulojeni enën lirshëm me letër kuzhine dhe lëreni të marinohet në frigorifer për 4-5 orë duke i kthyer fugat dy herë. Sipër i radhisim anët e prera, më pas e mbulojmë enën me film ngjitës (mbështjellës plastik) dhe e palosim dy herë që të largohet avulli. Gatuani plotësisht për 22 minuta, duke e kthyer enën katër herë. Shërbejeni mbi një shtrat me petë dhe spërkatni me lëngjet e gjellës.

Krahët e pulës me xhenxhefil me marule

Shërben 4–5

1 marule cos (romaine), e prerë
2,5 cm/1 in. copë xhenxhefil me rrënjë, të prerë hollë
2 thelpinj hudhre, te shtypura
15 ml/1 lugë gjelle vaj kikiriku (kikiriku).
300 ml/½ pt/1¼ filxhan lëng pule të zier
30 ml/2 lugë miell misri
2,5 ml/½ lugë e vogël pluhur me pesë erëza
60 ml/4 lugë gjelle ujë të ftohtë
5 ml/1 lugë salcë soje
5 ml/1 lugë kripë
1 kg/2¼ paund krahë pule
Oriz i zier ose petë kineze, për t'u shërbyer

Vendosim marulen, xhenxhefilin, hudhrën dhe vajin në një tavë mjaft të madhe (furrë holandeze). Mbulojeni me një pjatë dhe gatuajeni plotësisht për 5 minuta. Zbuloni dhe shtoni lëngun e zierjes. Përzieni miellin e misrit dhe pluhurin e pesë erëzave me ujë të ftohtë. Përzieni salcën e sojës dhe kripën. Përzieni përzierjen e maruleve me krahët e pulës, duke e trazuar lehtë derisa të kombinohen mirë. Mbulojeni me film ngjitës (mbështjellës plastik) dhe paloseni dy herë që të largohet avulli. Gatuani plotësisht për 20 minuta, duke e kthyer enën katër herë. Lëreni të qëndrojë për 5 minuta përpara se ta shërbeni me oriz ose petë.

Pulë me kokos në Bangkok

Shërben 4

Artikulli origjinal, i bërë në kuzhinën time nga një mik i ri tajlandez.

4 gjokse pule të pjesshme me kocka, 175 g/6 oz secili
200 ml/7 ml oz/i pakët 1 filxhan krem kokosi
Lëng nga 1 lime
30 ml/2 lugë gjelle ujë të ftohtë
2 thelpinj hudhre, te shtypura
5 ml/1 lugë kripë
Kërcelli i barit të limonit, i përgjysmuar për së gjati, ose 6 gjethe balsam limoni
2–6 speca djegës të gjelbër ose 1,5–2,5 ml/¼–½ lugë speci të kuq të thatë pluhur
4-5 gjethe të freskëta gëlqereje

20 ml/4 lugë koriandër të copëtuar (cilantro)
175 g/6 oz/¾ filxhan oriz të gjatë, të zier

Vendoseni pulën rreth buzës së një ene të thellë me diametër 20 cm/8, duke lënë një vrimë në qendër. Mbulojeni me film ngjitës (mbështjellës plastik) dhe paloseni dy herë që të largohet avulli. Gatuani plotësisht për 6 minuta, duke e kthyer enën dy herë. Bashkoni kremin e kokosit, lëngun e limonit dhe ujin, më pas përzieni hudhrën dhe kripën dhe derdhni sipër pulës. Spërkateni sipër gjethet e barit të limonit ose balsamit, specat djegës sipas shijes dhe gjethet e limonit. Mbulojeni si më parë dhe gatuajeni në Fryrë për 8 minuta, duke e kthyer enën tre herë. Lëreni të qëndrojë për 5 minuta. Zbulojeni dhe përzieni me koriandër, më pas shërbejeni me oriz.

Satay pule

Shërben 8 si fillim, 4 si pjatë kryesore

Për marinadën:
30 ml/2 lugë gjelle vaj kikiriku (kikiriku).
30 ml/2 lugë salcë soje
1 thelpi hudhër, e shtypur
900 g/2 lb gjoks pule me kocka, i prerë në feta

Për salcën satay:
10 ml/2 lugë vaj kikiriku
1 qepë, e grirë

*2 speca djegës të gjelbër, secila rreth 8 cm/3 e gjatë, të prera me fara
dhe të grira hollë*

2 thelpinj hudhre, te shtypura

150 ml/¼ pt/2/3 filxhan ujë të vluar

60 ml/4 lugë gjelle gjalpë kikiriku krokant

10 ml/2 lugë gjelle uthull vere

2,5 ml/½ lugë e vogël kripë

175 g/6 oz/¾ filxhan oriz të gjatë, të zier (opsionale)

Për të bërë marinadën, bashkoni vajin, salcën e sojës dhe hudhrën në një tas dhe shtoni pulën, duke e përzier mirë që të mbulohet mirë. Mbulojeni dhe ftohuni për 4 orë në dimër, 8 në verë.

Për të bërë salcën, derdhni vajin në një enë ose enë me madhësi mesatare dhe shtoni qepën, piperin dhe hudhrën. Para se të mbaroni salcën, hidhni kubat e pulës në tetë hell të lyer me vaj. Rregulloni, katër nga një, në një pjatë të madhe si thuprat e një rrote. Gatuani, pa mbuluar, në Plotë për 5 minuta, duke e rrotulluar një herë. Përsëriteni me katër heshtat e mbetura. Mbani ngrohtë. Për të përfunduar salcën, mbulojeni tasin me film ngjitës (mbështjellës plastik) dhe ndajeni dy herë që të largohet avulli. Gatuani plotësisht për 2 minuta. Hidhni ujin e vluar, gjalpin e kikirikut, uthullën dhe kripën. Gatuani pa mbuluar për 3 minuta duke e përzier një herë. Lëreni të qëndrojë për 30 sekonda dhe shërbejeni, me oriz nëse është pjatë kryesore.

Pulë kikiriku

Shërben 4

4 gjoks pule me kocka, 175 g/6 oz secili
125 g/4 oz/½ filxhan gjalpë kikiriku të lëmuar
2,5 ml/½ lugë e vogël xhenxhefil të bluar
2,5 ml/½ lugë kripë hudhër
10 ml/2 lugë çaji pluhur i butë kerri
Salcë hoisin kineze
Petë kineze të ziera, për t'u shërbyer

Vendoseni pulën rreth buzës së një ene të thellë me diametër 23 cm/9, duke lënë një vrimë në qendër. Vendosni gjalpin e kikirikut, xhenxhefilin, kripën e hudhrës dhe pluhurin e kerit në një enë të vogël dhe ngrohni, të pambuluar, në Plotë për 1 minutë. Përhapeni në mënyrë të barabartë mbi pulën, më pas lyejeni lehtë me salcë hoisin. Mbulojeni me film ngjitës (mbështjellës plastik) dhe paloseni dy herë që të largohet avulli. Gatuani plotësisht për 16 minuta, duke e kthyer enën katër herë. Lëreni të qëndrojë për 5 minuta përpara se ta shërbeni me petë kineze.

Pulë indiane me kos

Shërben 4

Kari pa zhurmë, shpejt për t'u bashkuar. Është me pak yndyrë, kështu që rekomandohet për njerëzit më të dobët, ndoshta me një pjatë anësore me lulelakër dhe një ose dy feta bukë me fara.

750 g/1½ paund me lëkurë në kofshët e pulës
150 ml/¼ pt/2/3 filxhan kos të thjeshtë

15 ml/1 lugë gjelle qumësht

5 ml/1 lugë gjelle garam masala

1,5 ml/¼ lugë shafran i Indisë

5 ml/1 lugë gjelle xhenxhefil të bluar

5 ml/1 lugë gjelle koriandër të bluar (cilantro)

5 ml/1 lugë çaji qimnon i bluar

15 ml/1 lugë gjelle vaj misri ose luledielli

45 ml/3 lugë gjelle ujë të ngrohtë

60 ml/4 lugë gjelle koriandër të grirë trashë, për zbukurim

Vendoseni pulën në një enë të thellë me diametër 30 cm/12. Përziejini të gjithë përbërësit e mbetur dhe hidhni me lugë pulën. Mbulojeni dhe marinoni në frigorifer për 6-8 orë. Mbulojeni me një pjatë dhe ngroheni plotësisht për 5 minuta. E trazojmë pulën e rrumbullakët. Mbulojeni enën me film ngjitës (mbështjellës plastik) dhe ndajeni dy herë që të largohet avulli. Gatuani plotësisht për 15 minuta, duke e kthyer enën katër herë. Lëreni të qëndrojë për 5 minuta. Zbulojeni dhe spërkateni me koriandër të grirë përpara se ta shërbeni.

Pulë japoneze me vezë

Shërben 4

100 ml/3½ floz/6½ lugë gjelle lëng të nxehtë pule ose viçi

60 ml/4 lugë gjelle sheri mesatare të thatë

30 ml/2 lugë gjelle salcë teriyaki

15 ml/1 lugë gjelle sheqer kafe të butë

250 g/9 oz/1¼ filxhan pule të gatuar, të prerë në rripa

4 vezë të mëdha, të rrahura
175 g/6 oz/¾ filxhan oriz të gjatë, të zier

Hedhim lëngun, sherin dhe salcën teriyaki në një enë të cekët me diametër 18 cm/7. Përzieni sheqerin. Mbulojeni me film ngjitës (mbështjellës plastik) dhe paloseni dy herë që të largohet avulli. Gatuani plotësisht për 5 minuta. Zbulojeni dhe përzieni. Përziejmë pulën dhe sipër i hedhim vezët. Gatuani, pa mbuluar, për 6 minuta, duke e kthyer enën tre herë. Për ta servirur, hidhni orizin me lugë në katër tasa të ngrohura dhe sipër me përzierjen e pulës dhe vezëve.

Tavë pule portugeze

Shërben 4

25 g/1 oz/2 lugë gjelle gjalpë ose margarinë ose 25 ml/1½ lugë gjelle vaj ulliri
2 qepë të prera në katër pjesë
2 thelpinj hudhre, te shtypura
4 fuga pule, 900 g/2 lb gjithsej

125 g/4 oz/1 filxhan gammon i gatuar, i prerë në kubikë të vegjël
3 domate të qëruara, të prera dhe të grira
150 ml/¼ pt/2/3 filxhan verë të bardhë të thatë
10 ml/2 lugë mustardë franceze
7,5–10 ml/1½–2 lugë kripë

Në një tavë me diametër 20 cm/8 (furrë holandeze) hidhni gjalpin, margarinën ose vajin. Ngroheni, pa mbuluar, e plotë për 1 minutë. Përzieni qepët dhe hudhrat. Gatuani, pa mbuluar, të plota për 3 minuta. Shtoni pulën. Mbulojeni me film ngjitës (mbështjellës plastik) dhe paloseni dy herë që të largohet avulli. Gatuani plotësisht për 14 minuta, duke e kthyer enën dy herë. Përziejini përbërësit e mbetur. Mbulojeni si më parë dhe gatuajeni plotësisht për 6 minuta. Lëreni të qëndrojë për 5 minuta përpara se ta shërbeni.

Tavë pule pikante në stilin anglez

Shërben 4

Përgatiteni si për tavën portugeze të pulës, por verën zëvendësoni mushtin mesatar të thatë dhe përbërësve të tjerë shtoni 5 arra turshi. Lejoni një minutë më shumë kohë gatimi.

Pulë e komprometuar Tandoori

Shërben 8 si fillim, 4 si pjatë kryesore

Një pjatë indiane e bërë tradicionalisht në një furrë balte ose tandoor, por ky version i mikrovalës është plotësisht i pranueshëm.

8 copa pule, rreth 1,25 kg/2¾ lb në total
250 ml/8 ml oz/1 filxhan jogurt i thjeshtë i trashë në stilin grek
30 ml/2 lugë gjelle përzierje erëzash tandoori
10 ml/2 lugë lugë koriandër të bluar (cilantro)
5 ml/1 lugë paprika
5 ml/1 lugë shafran i Indisë
30 ml/2 lugë gjelle lëng limoni
2 thelpinj hudhre, te shtypura
7,5 ml/1½ lugë kripë
Bukë indiane dhe sallatë e përzier, për t'u shërbyer

Pjesët e mishit të pulës i ndajmë në disa vende. Përzieni lehtë kosin me të gjithë përbërësit e mbetur. E rregullojmë pulën në një enë të thellë me diametër 25 cm/10 dhe e lyejmë me masën e tandoorit. E mbulojmë lirshëm me letër kuzhine dhe e marinojmë për 6 orë në frigorifer. Kthejeni, lyejeni me marinadën dhe ftohni për 3-4 orë të tjera, të mbuluara si më parë. Mbulojeni me film ngjitës (mbështjellës plastik) dhe palosen dy herë që të largohet avulli. Gatuani plotësisht për 20 minuta, duke e kthyer enën katër herë. Zbuloni enën dhe kthejeni pulën. Mbulojeni përsëri me film ngjitës dhe gatuajeni për 7 minuta të tjera. Lëreni të qëndrojë për 5 minuta përpara se ta shërbeni.

Cheesecake me gjalpë me fruta dhe arra

Shërben 8–10

Cheesecake në stil kontinental, lloji që gjeni në një pastiçeri cilësore.

45 ml/3 lugë gjelle bajame të grira.
75 g/3 oz/2/3 filxhan gjalpë
175 g/6 oz/1½ filxhan biskota me tërshërë ose thërrime graham kraker
450 g/1 lb/2 filxhanë gjizë (të lëmuar), në temperaturë dhome
125 g/4 oz/½ filxhan sheqer pluhur (shumë i imët).
15 ml/1 lugë miell misri
3 vezë, në temperaturën e kuzhinës, të rrahura
Lëng i gjysmë limon ose limon të freskët
30 ml/2 lugë gjelle rrush të thatë

Hidhni bajamet në një pjatë dhe skuqini të pambuluara të plota për 2-3 minuta. Shkrini gjalpin, të pambuluar, në shkrirje për 2–2½ minuta. Lyejeni mirë një enë me diametër 20 cm/8 dhe mbulojeni bazën dhe anët me thërrime biskotash. Rrihni djathin me të gjithë përbërësit e mbetur dhe përzieni bajamet dhe gjalpin e shkrirë. Përhapeni në mënyrë të barabartë mbi thërrimet e biskotave dhe mbulojeni lirshëm me letër kuzhine. Gatuani në shkrirje për 24 minuta, duke e kthyer enën katër herë. Hiqeni nga mikrovala dhe lëreni të ftohet. Ftoheni për të paktën 6 orë para prerjes.

Tortë me xhenxhefil të konservuar

Shërben 8

225 g/8 oz/2 gota miell që ngrihet vetë.

10 ml/2 lugë erëz të përzier (byrek me mollë).

125 g/4 oz/½ filxhan gjalpë ose margarinë, në temperaturën e kuzhinës

125 g/4 oz/½ filxhan sheqer të butë kafe të çelur

100 g/4 oz/1 filxhan xhenxhefil të konservuar të copëtuar në shurup

2 vezë, të rrahura

75 ml/5 lugë qumësht të ftohtë

Sheqer pluhur (e ëmbëlsirave), për pluhurosje

Rrini ngushtë një sufle me diametër 20 cm/8 ose një pjatë të ngjashme me anë të drejtë me film ngjitës (mbështjellës plastik), duke e lënë të varet shumë pak mbi buzë. Shosh miellin dhe erëzat në një tas. Fërkojeni imët me gjalpë ose margarinë. Piruni sheqerin dhe xhenxhefilin, sigurohuni që të shpërndahen në mënyrë të barabartë. Përziejini në një konsistencë të butë me vezët dhe qumështin. Kur të jetë e qetë, hidheni me lugë në enën e përgatitur dhe mbulojeni lehtë me letër kuzhine. E pjekim plotësisht për 6½–7½ minuta derisa torta të jetë rritur mirë dhe të fillojë të tkurret në anët. Lëreni të qëndrojë për 15 minuta. Transferoni në një raft teli që mban filmin ngjitës. Qëroni mbështjellësin kur të ftohet dhe ruajeni tortën në një enë hermetike. Spërkateni me sheqer pluhur përpara se ta shërbeni.

Tortë me xhenxhefil me konserva portokalli

Shërben 8

Përgatiteni si keku me xhenxhefil të konservuar, por vezëve dhe qumështit shtoni lëkurën e grirë trashë të 1 portokallit të vogël.

Tortë me mjaltë me arra

Shërben 8–10

Një yll i një torte, plot ëmbëlsi dhe dritë. Është me origjinë greke, ku njihet me emrin karithopitta. Shërbejeni me kafe në fund të vaktit.

Për bazën:

100 g/3½ oz/½ filxhan gjalpë, në temperaturën e kuzhinës
175 g/6 oz/¾ filxhan sheqer të butë kafe të lehtë
4 vezë, në temperaturën e kuzhinës
5 ml/1 lugë esencë vanilje (ekstrakt)
10 ml/2 lugë çaji bikarbonat sodë (sode buke)
10 ml/2 lugë lugë pluhur pjekjeje
5 ml/1 lugë çaji kanellë të bluar
75 g/3 oz/¾ filxhan miell të thjeshtë (të gjitha qëllimet).
75 g/3 oz/¾ filxhan miell misri
100 g/3½ oz/1 filxhan bajame të grira (të copëtuara).

Për shurupin:

200 ml/7 ml oz/i pakët 1 filxhan ujë të ngrohtë
60 ml/4 lugë gjelle sheqer kafe të errët
5 cm/2 në një copë shkop kafe
5 ml/1 lugë çaji lëng limoni
150 g/5 oz/2/3 filxhan mjaltë të errët të lehtë

Për dekorim:

60 ml/4 lugë gjelle arra të përziera të copëtuara
30 ml/2 lugë gjelle mjaltë të errët

Për të bërë bazën, rreshtoni nga afër bazën dhe anën e një pjate sufle me diametër 18 cm/7 me film ngjitës (mbështjellës plastik), duke e lënë të qëndrojë shumë pak në buzë. Vendosni të gjithë përbërësit përveç bajameve në një tas përpunues ushqimi dhe përpunoni derisa të kombinohen të qetë dhe të njëtrajtshëm. Shtypni pak bajamet që të mos thyhen shumë. Masën e shtrijmë në enën e përgatitur dhe e mbulojmë lehtë me letër kuzhine. Gatuani plot për 8 minuta, duke e kthyer enën dy herë, derisa torta të jetë rritur ndjeshëm dhe sipër të fryhet me xhepa të vegjël ajri. Lëreni të qëndrojë për 5 minuta, më pas transferojeni në një enë të cekët dhe hiqni filmin ngjitës.

Për të bërë shurupin, hidhni të gjithë përbërësit në një enë dhe ziejini të pambuluar në Plotë për 5-6 minuta ose derisa masa të fillojë të flluskojë. Kini kujdes në rast se fillon të vlojë. Lëreni të qëndrojë për 2 minuta, më pas përzieni butësisht me një lugë druri që përbërësit të përzihen mirë. Hidhni butësisht tortën me lugë derisa të përthithet i gjithë lëngu. Kombinoni arrat dhe mjaltin në një pjatë të vogël. Ngroheni, pa mbuluar, i plotë për 1½ minutë. Përhapeni ose lugë sipër tortës.

Tortë me xhenxhefil me mjaltë

Shërben 10–12

45 ml/3 lugë gjelle marmelatë portokalli
225 g/8 oz/1 filxhan mjaltë të errët të lehtë
2 vezë

125 ml/4 ml oz/½ filxhan vaj misri ose luledielli
150 ml/¼ pt/2/3 filxhan ujë të nxehtë
250 g/9 oz/bujare 2 gota miell që ngrihet vetë (që ngrihet vetë)
5 ml/1 lugë çaji bikarbonat sodë (sode buke)
3 lugë gjelle xhenxhefil të bluar
10 ml/2 lugë gjelle erëza të grira
5 ml/1 lugë çaji kanellë të bluar

Rrini një enë sufleje të thellë 1,75 litra/3 pt/7½ filxhan me film ngjitës (mbështjellës plastik), duke e lënë të varet shumë pak mbi buzë. Vendosni marmeladën, mjaltin, vezët, vajin dhe ujin në një procesor ushqimi dhe përziejini derisa të jenë të lëmuara dhe më pas fikeni. Shoshini të gjithë përbërësit e mbetur dhe hidhini me lugë në tasin e procesorit. Vëreni makinën derisa përzierja të jetë e kombinuar mirë. Hidhni me lugë në enën e përgatitur dhe mbulojeni lehtë me letër kuzhine. E pjekim të plotë për 10–10½ minuta derisa torta të jetë rritur mirë dhe sipër të mbulohet me vrima të vogla ajri. Lëreni të ftohet pothuajse plotësisht në enë, më pas transferojeni në një raft teli që mban filmin ngjitës. Qëroni me kujdes filmin ngjitës dhe lëreni derisa të ftohet plotësisht. Ruani në një enë hermetike për një ditë para prerjes.

Tortë me shurup me xhenxhefil

Shërben 10–12

Përgatiteni si për tortën me xhenxhefil me mjaltë, por mjaltin zëvendësoni shurupin e artë (misër i lehtë).

Xhenxhefili tradicional

Shërben 8–10

Një histori dimërore e llojit më të mirë, thelbësore për natën e Halloween dhe Guy Fawkes.

175 g/6 oz/1½ filxhan miell të thjeshtë (për të gjitha qëllimet).
15 ml/1 lugë gjelle xhenxhefil të bluar
5 ml/1 lugë gjelle erëza të grira
10 ml/2 lugë çaji bikarbonat sodë (sode buke)
125 g/4 oz/1/3 filxhan shurup ari (misër i lehtë).
25 ml/1½ lugë gjelle e zezë (melasa)
30 ml/2 lugë gjelle sheqer kafe të errët
45 ml/3 lugë sallo ose yndyrë të bardhë gatimi (shkurtim)
1 vezë e madhe, e rrahur
60 ml/4 lugë qumësht të ftohtë

Rreshtoni ngushtë bazën dhe anën e një enë sufleje me diametër 15 cm/6 me film ngjitës (mbështjellës plastik), duke e lënë të varet shumë pak mbi buzë. Shosh miellin, xhenxhefilin, erëzat dhe bikarbonatin e sodës në një tas për përzierje. Vendoseni shurupin, akullin, sheqerin dhe yndyrën në një enë tjetër dhe ngrohni, të pambuluar, të plotë për 2½–3 minuta derisa yndyra të shkrihet. I trazojmë mirë që të përzihen. Përziejini me pirun përbërësit e thatë me vezën dhe qumështin. Kur të bashkohen mirë, kalojini në enën e përgatitur dhe mbulojeni lehtë me letër kuzhine. Gatuani tërësisht për 3–4 minuta derisa buka e xhenxhefilit të ngrihet mirë me një nuancë shkëlqimi sipër. Lëreni të qëndrojë për 10 minuta. Transferoni në një raft teli që mban filmin ngjitës. Qëroni filmin dhe ruajeni bukën me xhenxhefil në një enë hermetike për 1-2 ditë përpara se ta prisni.

Gingerbread portokalli

Shërben 8–10

Përgatiteni si xhenxhefil tradicional, por shtoni lëkurën e grirë imët të 1 portokallit të vogël në vezë dhe qumësht.

Kajsi Kajsi Torte

Shërben 8

4 biskota digestive (krakera graham), të grimcuara imët
225 g/8 oz/1 filxhan gjalpë ose margarinë, në temperaturën e kuzhinës
225 g/8 oz/1 filxhan sheqer të butë kafe të errët
4 vezë, në temperaturën e kuzhinës
225 g/8 oz/2 gota miell që ngrihet vetë.
75 ml/5 lugë kafeje dhe esencë çikore (ekstrakt)
425 g/14 oz/1 kajsi e madhe kajsi, të kulluara
300 ml/½ pt/1¼ filxhan krem i dyfishtë (i rëndë).
90 ml/6 lugë gjelle bajame të grira, të thekura

Lyejini dy enë të cekëta me diametër 20 cm/8 in me gjalpë të shkrirë, më pas lyeni bazat dhe anët me thërrime biskotash. Kremi së bashku gjalpin ose margarinën dhe sheqerin derisa të jenë të lehta dhe me gëzof. Rrihni vezët një nga një, duke i shtuar secilës 15 ml/1 lugë gjelle miell. Hidhni miellin e mbetur në mënyrë alternative me 45 ml/3 lugë esencë kafeje. Përhapeni në mënyrë të barabartë në enët e përgatitura dhe mbulojeni lirshëm me letër kuzhine. Gatuani, një nga një, të plotë për 5 minuta. Lërini të ftohen në pjata për 5 minuta, më pas kalojini në një raft teli. Pritini tre nga kajsitë dhe pjesën tjetër e lini mënjanë. E trazojmë kremin me esencën e mbetur të kafesë derisa të trashet. Hiqni rreth një të katërtën e kremit dhe përzieni kajsitë e copëtuara. Përdoreni për t'i bashkuar ëmbëlsirat së bashku. E mbulojmë sipër dhe anët me kremin e mbetur.

Torte ananasi rum

Shërben 8

Përgatiteni si një tortë me kajsi kafeje, por hiqni kajsitë. Aromatizoni kremin me 30 ml/2 lugë rum të errët në vend të esencës së kafesë (ekstrakt). Përzieni 2 unaza ananasi të konservuara të prera në kubikë në tre të katërtat e kremit dhe përdoreni për t'i bashkuar ëmbëlsirat së bashku. E mbulojmë sipër dhe anët me kremin e mbetur dhe e dekorojmë me unaza ananasi të përgjysmuara. Stuko me glace qershie jeshile dhe te verdhe (konfeksion), sipas deshires.

Një tortë e pasur Krishtlindjesh

Bën 1 tortë të madhe familjare

Një tortë luksoze, e mbushur me shkëlqimin e Krishtlindjeve dhe e fortifikuar mirë me alkool. Mbajeni të thjeshtë ose mbulojeni me marzipan (pastë bajame) dhe krem të bardhë (brucë).

200 ml/7 ml oz/i pakët 1 filxhan sheri të ëmbël

75 ml/5 lugë gjelle raki

5 ml/1 lugë erëz të përzier (byrek me mollë).

5 ml/1 lugë esencë vanilje (ekstrakt)

10 ml/2 lugë gjelle sheqer kafe të errët

350 g/12 oz/2 gota fruta të thata të përziera (përzierje për kek frutash)

15 ml/1 lugë gjelle lëvozhgë të përzier të copëtuar

15 ml/1 lugë gjelle glace me qershi të kuqe (konfeksion).

50 g/2 oz/1/3 filxhan kajsi të thata

50 g/2 oz/1/3 filxhan hurma të copëtuara

Lëvozhgë e grirë imët e 1 portokalli të vogël

50 g/2 oz/½ filxhan arra të copëtuara

125 g/4 oz/½ filxhan gjalpë (i ëmbël) pa kripë, i shkrirë

175 g/6 oz/¾ filxhan sheqer kafe të errët

125 g/4 oz/1 filxhan miell që ngrihet vetë.

3 vezë të vogla

Vendosni sherin dhe rakinë në një tas të madh përzierjeje. Mbulojeni me një pjatë dhe gatuajeni në Plotë për 3-4 minuta derisa masa të fillojë të flluskojë. Shtoni erëzat, vaniljen, 10 ml/2 lugë sheqer kaf, frutat e thata, lëkurën e përzier, qershitë, kajsitë, hurmat, lëkurën e portokallit dhe arrat Përziejini tërësisht. Mbulojeni me një pjatë dhe ngroheni në shkrirje për 15 minuta, duke e përzier katër herë. Lëreni brenda natës që shijet të piqen. Rreshtoni ngushtë një enë sufle me diametër 20 cm/8 me film ngjitës (mbështjellës plastik), duke e lënë të varet shumë pak mbi buzë. Përzieni gjalpin, sheqerin kaf, miellin dhe vezët në përzierjen e kekut. Hidhni me lugë enën e përgatitur dhe mbulojeni lirshëm me letër kuzhine. Gatuani në shkrirje për 30 minuta, duke e kthyer katër herë. Lëreni të qëndrojë në mikrovalë për 10 minuta. E ftohtë në të vakët, më pas transferojeni me kujdes në një raft teli që mban filmin ngjitës. Qëroni filmin kur torta të jetë e ftohtë. Për ta ruajtur, mbështilleni me një letër yndyre (dylli) me një trashësi të dyfishtë, më pas mbështilleni sërish në letër. Ruajeni në një vend të freskët për rreth dy javë përpara se ta mbuloni dhe kremin.

Torte Fast Simnel

Bën 1 tortë të madhe familjare

Ndiqni recetën për Tortën e pasur të Krishtlindjeve dhe ruajeni për dy javë. Një ditë para se ta servirni, tortën e prisni në gjysmë për të bërë dy shtresa. Lyejini të dyja anët e prera me reçelin e shkrirë të kajsisë (konservim) dhe sanduiçin së bashku me 225-300 g/8-11 oz marzipan (pastë bajame) të përhapur në një rrumbullak të trashë. Dekoroni pjesën e sipërme me vezë në miniaturë të Pashkëve dhe pula të blera në dyqan.

Tortë me fara

Shërben 8

Një suvenir i kohërave të vjetra, i njohur në Uells si tortë qethje.

225 g/8 oz/2 gota miell që ngrihet vetë.
125 g/4 oz/½ filxhan gjalpë ose margarinë
175 g/6 oz/¾ filxhan sheqer të butë kafe të lehtë

Lëkura e grirë imët e 1 limoni
10–20 ml/2–4 lugë fara qimnon
10 ml/2 lugë arrëmyshk i grirë
2 vezë, të rrahura
150 ml/¼ pt/2/3 filxhan qumësht të ftohtë
75 ml/5 lugë sheqer pluhur (pastiçeri), të situr
10–15 ml/2–3 lugë çaji lëng limoni

Rreshtoni ngushtë bazën dhe anën e një enë sufleje me diametër 20 cm/8 me film ngjitës (mbështjellës plastik), duke e lënë të varet shumë pak mbi buzë. Shosh miellin në një tas dhe lyejmë me gjalpë ose margarinë. Shtoni sheqerin kaf, lëkurën e limonit, farat e qimnotit dhe arrëmyshkun dhe përzieni vezët dhe qumështin me një pirun për të formuar një brumë të butë dhe mjaft të butë. Transferoni në enën e përgatitur dhe mbulojeni lirshëm me letër kuzhine. Gatuani plot për 7-8 minuta duke e kthyer enën dy herë derisa torta të dalë në sipërfaqen e enës dhe sipërfaqja të zbukurohet me vrima të vogla. Lëreni të qëndrojë për 6 minuta, më pas përmbyseni në një raft teli. Kur të jetë plotësisht i ftohtë, hiqni filmin ngjitës dhe kthejeni tortën nga ana e djathtë lart. Bashkoni pluhurin e sheqerit dhe lëngun e limonit për të bërë një pastë të trashë.

Tortë e thjeshtë me fruta

Shërben 8

225 g/8 oz/2 gota miell që ngrihet vetë.
10 ml/2 lugë erëz të përzier (byrek me mollë).
125 g/4 oz/½ filxhan gjalpë ose margarinë
125 g/4 oz/½ filxhan sheqer të butë kafe të çelur
175 g/6 oz/1 filxhan fruta të thata të përziera (përzierje për kek frutash)

2 vezë

75 ml/5 lugë qumësht të ftohtë

75 ml/5 lugë gjelle sheqer pluhur (konfeksione).

Rrini ngushtë një enë sufle me diametër 18 cm/7 me film ngjitës (mbështjellës plastik), duke e lënë të varet shumë pak mbi buzë. Shosh miellin dhe erëzat në një tas dhe lyejmë me gjalpë ose margarinë. Shtoni sheqerin dhe frutat e thata. Rrihni së bashku vezët dhe qumështin dhe derdhni në përbërësit e thatë, duke i përzier me një pirun deri në një konsistencë të butë. Hidhni me lugë enën e përgatitur dhe mbulojeni lirshëm me letër kuzhine. Gatuani plot për 6½–7 minuta derisa torta të jetë rritur mirë dhe sapo të fillojë të tkurret nga ana e pjatës. Hiqeni nga mikrovala dhe lëreni të qëndrojë për 10 minuta. Transferoni në një raft teli që mban filmin ngjitës. Kur të jetë plotësisht i ftohtë, qëroni filmin ngjitës dhe pluhurosni sipërfaqen me sheqer pluhur të situr.

Torte me hurme dhe arra

Shërben 8

Përgatiteni si një tortë e thjeshtë me fruta, por zëvendësoni frutat e thata me një përzierje hurmash dhe arra të copëtuara.

Tortë Zunanna

Shërben 8

E quajtur dikur një tortë e parajsës, ky import transatlantik ka qenë me ne për shumë vite dhe nuk e humb kurrë tërheqjen e tij.

Për tortën:
3-4 karota, të prera në copa
50 g/2 oz/½ filxhan copa arre

50 g/2 oz/½ filxhan hurma të paketuara të copëtuara, të mbështjellë në sheqer

175 g/6 oz/¾ filxhan sheqer të butë kafe të lehtë

2 vezë të mëdha, në temperaturë ambienti

175 ml/6 ml oz/¾ filxhan vaj luledielli

5 ml/1 lugë esencë vanilje (ekstrakt)

30 ml/2 lugë gjelle qumësht të ftohtë

150 g/5 oz/1¼ filxhan miell të thjeshtë (të gjitha qëllimet).

5 ml/1 lugë lugë pluhur pjekjeje

4 ml/¾ lugë çaji bikarbonat sode (sode buke)

5 ml/1 lugë erëz të përzier (byrek me mollë).

Për kremin e kremës së djathit:

175 g/6 oz/¾ filxhan krem djathi me yndyrë të plotë, në temperaturë dhome

5 ml/1 lugë esencë vanilje (ekstrakt)

75 g/3 oz/½ filxhan sheqer pluhur (konfeksione), i situr

15 ml/1 lugë gjelle lëng limoni të freskët të shtrydhur

Për të bërë tortën, lyeni një tepsi unaze për mikrovalë me diametër 20 cm/8 me vaj dhe lyeni bazën me letër pergamene që nuk ngjit. Vendosni karotat dhe copat e arrave në një blender ose procesor ushqimi dhe ndizni makinën derisa të dyja të jenë copëtuar trashë. Transferoni në një tas dhe shtoni hurmat, sheqerin, vezët, vajin, esencën e vaniljes dhe qumështin. Shoshitni së bashku përbërësit e thatë, më pas përzieni përzierjen e karotës me një pirun. Transferoni në kallëpin e përgatitur. Mbulojeni me film ngjitës (mbështjellës plastik) dhe paloseni dy herë që të largohet avulli. Gatuani plotësisht për 6 minuta, duke e kthyer tre herë. Lëreni të qëndrojë për 15 minuta, më pas vendoseni në një raft teli. Hiqeni letrën. Përmbyseni në një pjatë kur të jetë ftohur plotësisht.

Për të bërë krem djathi krem, rrihni djathin derisa të jetë homogjen. Shtoni pjesën tjetër të përbërësve dhe rrihni lehtë derisa të jetë homogjen. Përhapeni trashë sipër tortës.

Tortë me majdanoz

Shërben 8

Përgatiteni si për kekun me karrota, por karotat i zëvendësoni me 3 majdanoz të vegjël.

Tortë me kungull

Shërben 8

Përgatiteni si për tortën me karrota, por zëvendësoni kungullin e qëruar me karotat, duke lejuar një masë mesatare që duhet të japë rreth

175 g/6 oz mish me fara. Zëvendësoni sheqerin ngjyrë kafe të errët për erëzën e butë dhe specin me erëza të përziera (mollën).

Tortë skandinave me kardamom

Shërben 8

Kardamom përdoret shumë në pjekjen skandinave dhe kjo tortë është një shembull tipik i një ekzotike të hemisferës veriore. Provoni dyqanin tuaj lokal ushqimor etnik nëse keni ndonjë problem për të marrë kardamom të bluar.

Për tortën:
175 g/6 oz/1½ filxhan miell që ngrihet vetë.
2,5 ml/½ lugë e vogël pluhur pjekjeje
75 g/3 oz/2/3 filxhan gjalpë ose margarinë, në temperaturën e kuzhinës
75 g/3 oz/2/3 filxhan sheqer kafe të butë
10 ml/2 lugë kardamom të bluar
1 vezë
Qumësht i ftohtë

Për pjesën e sipërme:
30 ml/2 lugë gjelle bajame të grira, të thekura
30 ml/2 lugë gjelle sheqer kafe të butë
5 ml/1 lugë çaji kanellë të bluar

Shtroni një enë të thellë 16,5 cm/6½ me diametër me film ngjitës (mbështjellës plastik), duke e lënë të varet pak mbi buzë. Shosh miellin dhe pluhurin për pjekje në një tas dhe lyejmë me gjalpë ose margarinë. Shtoni sheqerin dhe kardamomin. Rrihni vezën në një enë matëse dhe shtoni deri në 150 ml/¼ pt/2/3 filxhan me qumësht. Përziejini përbërësit e thatë me pirun derisa të përzihen mirë, por shmangni rrahjen. Hidheni në enën e përgatitur. Bashkoni përbërësit e sipërme dhe spërkatni sipër kekut. Mbulojeni me film ngjitës dhe thyeni dy herë që të largohet avulli. Gatuani plotësisht për 4 minuta, duke e kthyer dy herë. Lëreni të qëndrojë për 10 minuta, më pas transferojeni me kujdes në një raft teli që mban filmin ngjitës. Qëroni me kujdes filmin kur torta të jetë e ftohtë.

Bukë me çaj frutash

Bën 8 feta

225 g/8 oz/1 1/3 gota fruta të thata të përziera (përzierje për kek frutash)
100 g/3½ oz/½ filxhan sheqer kafe të errët të butë
30 ml/2 lugë çaj i zi i fortë i ftohtë
100 g/4 oz/1 filxhan miell integral që rritet vetë (që ngrihet vetë)
5 ml/1 lugë gjelle erëza të grira
1 vezë, në temperaturën e kuzhinës, të rrahur
8 bajame të plota, të zbardhura
30 ml/2 lugë shurup ari (misër i lehtë).
Gjalpë, për përhapje

Rreshtoni ngushtë bazën dhe anën e një enë sufleje me diametër 15 cm/6 me film ngjitës (mbështjellës plastik), duke e lënë të varet shumë pak anash. Hidhni frutat, sheqerin dhe çajin në një enë, mbulojeni me një pjatë dhe ziejini plot për 5 minuta. Miellin, erëzat dhe vezët i përziejmë me pirun dhe më pas i kalojmë në enën e përgatitur. Sipër i renditim bajamet. E mbulojmë lirshëm me letër kuzhine dhe e kaurdisim në shkrirë për 8-9 minuta derisa keku të jetë i fryrë mirë dhe të fillojë të tkurret nga ana e enës. Lëreni të qëndrojë për 10 minuta, më pas transferojeni në një raft teli që mban filmin ngjitës. Ngroheni shurupin në një filxhan në shkrirje për 1½ minutë. Qëroni filmin ngjitës nga keku dhe lani sipërfaqen me shurupin e nxehur. Shërbejeni të prerë në feta dhe të lyer me gjalpë.

Tortë sanduiç viktoriane

Shërben 8

175 g/6 oz/1½ filxhan miell që ngrihet vetë.
175 g/6 oz/¾ filxhan gjalpë ose margarinë, në temperaturën e kuzhinës
175 g/6 oz/¾ filxhan sheqer pluhur (shumë i imët).
3 vezë, në temperaturën e kuzhinës
45 ml/3 lugë qumësht të ftohtë
45 ml/3 lugë gjelle reçel (i konservuar)
120 ml/4 ml oz/½ filxhan krem i dyfishtë (i rëndë) ose pana, i rrahur
Krem sheqeri (embëlsira), i situr, për pluhurosje

Rreshtoni bazat dhe anët e dy enëve të cekëta me diametër 20 cm/8 me film ngjitës (mbështjellës plastik), duke e lënë të varet shumë pak mbi buzë. Shosh miellin në një pjatë. Kremi së bashku gjalpin ose margarinën dhe sheqerin derisa masa të jetë e lehtë dhe me gëzof dhe të ketë konsistencën e kremës së rrahur. Rrihni vezët një nga një, duke i shtuar secilës 15 ml/1 lugë gjelle miell. Hidhni miellin e mbetur në mënyrë alternative me qumështin duke përdorur një lugë të madhe metalike. Përhapeni në mënyrë të barabartë në enët e përgatitura. Mbulojeni lirshëm me letër kuzhine. Gatuani një nga një për 4 minuta. Lëreni të ftohet në të vakët dhe më pas kthejeni në një raft teli. Qëroni filmin ngjitës dhe lëreni derisa të ftohet plotësisht. Sandwich së bashku me reçel dhe krem pana dhe pudrosni sipër me sheqer pluhur përpara se ta shërbeni.

Tortë me arra

Shërben 8

175 g/6 oz/1½ filxhan miell që ngrihet vetë.

175 g/6 oz/¾ filxhan gjalpë ose margarinë, në temperaturën e kuzhinës
5 ml/1 lugë esencë vanilje (ekstrakt)
175 g/6 oz/¾ filxhan sheqer pluhur (shumë i imët).
3 vezë, në temperaturën e kuzhinës
50 g/2 oz/½ filxhan arra, të prera imët
45 ml/3 lugë qumësht të ftohtë
2 sasi Krem krem gjalpi
16 gjysma arre, për dekorim

Rreshtoni bazat dhe anët e dy enëve të cekëta me diametër 20 cm/8 me film ngjitës (mbështjellës plastik), duke e lënë të varet shumë pak mbi buzë. Shosh miellin në një pjatë. Kremi së bashku gjalpin ose margarinën, esencën e vaniljes dhe sheqerin derisa masa të bëhet e lehtë dhe me gëzof dhe të ketë konsistencën e kremit të rrahur. Rrihni vezët një nga një, duke i shtuar secilës 15 ml/1 lugë gjelle miell. Duke përdorur një lugë të madhe metalike, palosni arrat në miellin e mbetur në mënyrë alternative me qumështin. Përhapeni në mënyrë të barabartë në enët e përgatitura. Mbulojeni lirshëm me letër kuzhine. Gatuani një nga një në të Plotë për 4 minuta e gjysmë. Lëreni të ftohet në të vakët dhe më pas kthejeni në një raft teli. Qëroni filmin ngjitës dhe lëreni derisa të ftohet plotësisht. Sanduiç së bashku me gjysmën e akullit (brosting) dhe mbi tortë me pjesën tjetër.

Tortë me karkaleca

Shërben 8

Përgatiteni si për tortën sanduiç Victoria, por zëvendësoni 25 g/1 oz/¼ filxhan miell misri dhe 25 g/1 oz/¼ filxhan pluhur me karkaleca me 50 g/2 oz/½ filxhan miell. Sanduiç së bashku me krem dhe/ose fruta të konservuara ose të freskëta. Nëse dëshironi, përbërësve të kremit shtoni 5 ml/1 lugë esencë vanilje (ekstrakt).

Tortë e lehtë me çokollatë

Shërben 8

Përgatiteni si për tortën sanduiç Victoria, por zëvendësoni 25 g/1 oz/¼ filxhan niseshte misri (miseshte misri) dhe 25 g/1 oz/¼ filxhan pluhur kakao (çokollatë pa sheqer) për 50 g/2 oz/½ filxhan miell. Sanduiç së bashku me krem dhe/ose lyerje me çokollatë.

Tortë me bajame

Shërben 8

Përgatiteni si tortën sanduiç Victoria, por zëvendësoni 40 g/1½ oz/3 lugë gjelle bajame të bluara me të njëjtën sasi mielli. Aromatizojini përbërësit e kremit me 2,5–5 ml/½–1 lugë esencë bajame (ekstrakt). Sanduiç së bashku me reçelin e butë të kajsisë (konserva) dhe një rreth të hollë marzipan (pastë bajame).

Tortë sanduiç Victoria

Shërben 8

Përgatiteni si tortë sanduiç Victoria ose ndonjë nga variacionet. Sanduiç së bashku me krem ose krem kremi gjalpi (brucë) dhe/ose reçel (i konservuar), lyerje me çokollatë, gjalpë kikiriku, gjizë portokalli ose limoni, marmelatë portokalli, mbushje frutash në tepsi, mjaltë ose marzipan (pastë bajame). Mbuloni pjesën e sipërme dhe anët me gjalpë ose krem. Dekoruar me fruta të freskëta ose të konservuara, arra ose drazhe. Për një tortë edhe më të pasur, prisni çdo shtresë të pjekur në gjysmë për të bërë gjithsej katër shtresa përpara se ta mbushni.

Pandispanja e tortës së çajit për fidanishte

Bën 6 feta

75 g/3 oz/2/3 filxhan sheqer pluhur (shumë i imët).

3 vezë, në temperaturën e kuzhinës

75 g/3 oz/¾ filxhan miell të thjeshtë (të gjitha qëllimet).

90 ml/6 lugë krem dopio (shtatzëna) ose për rrahje, i rrahur

45 ml/3 lugë gjelle reçel (i konservuar)

Sheqer pluhur (shumë i imët), për spërkatje

Rreshtoni bazën dhe anën e një pjate sufle me diametër 18 cm/7 me film ngjitës (mbështjellës plastik), duke e lënë të varet shumë pak mbi buzë. Vendoseni sheqerin në një tas të ngrohtë, të pambuluar, në shkrirje për 30 sekonda. Shtoni vezët dhe rrihni derisa masa të trashet në konsistencën e kremit të rrahur. Pritini ngadalë dhe lehtë dhe shtoni miellin me një lugë metalike. Mos trokitni ose tundni. Kur përbërësit të jenë bashkuar mirë, kalojini në enën e përgatitur. Mbulojeni lirshëm me letër kuzhine dhe ziejini mirë për 4 minuta. Lëreni të qëndrojë për 10 minuta, më pas transferojeni në një raft teli që mban filmin ngjitës. Kur të jetë ftohtë, hiqni filmin ngjitës. Ndani në gjysmë dhe sanduiç së bashku me krem dhe reçel. Spërkateni sipër me sheqer pluhur përpara se ta shërbeni.

Pandispanja me limon

Bën 6 feta

Përgatiteni si pandispanja e çajit për fidanishte, por shtoni 10 ml/2 lugë lugë lëvozhgë limoni të grirë imët në përzierjen e nxehtë të vezëve dhe sheqerit menjëherë përpara se të shtoni miellin. Sanduiç së bashku me gjizë limoni dhe krem të trashë.

Tortë pandispanje me portokalli

Bën 6 feta

Përgatiteni si pandispanja e çajit për fidanishte, por shtoni 10 ml/2 lugë lugë portokalli të grirë imët në përzierjen e ngrohur të vezëve dhe sheqerit menjëherë përpara se të shtoni miellin. Sanduiç së bashku me lyerje me çokollatë dhe krem të trashë.

Tortë me kafe me ekspres

Shërben 8

250 g/8 oz/2 gota miell që ngrihet vetë.

15 ml/1 lugë gjelle/2 qeska pluhur kafeje ekspres të çastit
125 g/4 oz/½ filxhan gjalpë ose margarinë
125 g/4 oz/½ filxhan sheqer të butë kafe të errët
2 vezë, në temperaturë ambienti
75 ml/5 lugë qumësht të ftohtë

Rreshtoni bazën dhe anën e një pjate sufle me diametër 18 cm/7 me film ngjitës (mbështjellës plastik), duke e lënë të varet shumë pak mbi buzë. Shosh miellin dhe pluhurin e kafesë në një tas dhe lyejmë me gjalpë ose margarinë. Shtoni sheqerin. Përziejini mirë vezët dhe qumështin, më pas përziejini në mënyrë të barabartë me përbërësit e thatë me pirun. Hidhni me lugë enën e përgatitur dhe mbulojeni lirshëm me letër kuzhine. Gatuani plot për 6½–7 minuta derisa torta të jetë rritur mirë dhe sapo të fillojë të tkurret nga ana e pjatës. Lëreni të qëndrojë për 10 minuta. Transferoni në një raft teli që mban filmin ngjitës. Kur të jetë ftohur plotësisht, hiqni filmin ngjitës dhe ruajeni tortën në një enë hermetike.

Tortë me kafe Espresso me krem portokalli

Shërben 8

Bëni tortën me kafe me ekspres. Rreth 2 orë para se ta servirni, bëni një glace të trashë (frost) duke përzier 175 g/6 oz/1 filxhan sheqer pluhur (të ëmbëlsirave) me mjaft lëng portokalli për të formuar një krem në formë paste. Përhapeni sipër tortës, më pas dekorojeni me çokollatë të grirë, arra të grira, qindra e mijëra etj.

Torte krem kafeje ekspres

Shërben 8

Përgatitni tortën me kafe Espresso dhe e prisni në dy shtresa. Rrihni 300 ml/½ pt/1¼ filxhan krem të dyfishtë (të rëndë) me 60 ml/4 lugë gjelle qumësht të ftohtë derisa të trashet. Ëmbëlsojeni me 45 ml/3 lugë gjelle sheqer pluhur (superfin) dhe aromatizoni sipas shijes me pluhur kafeje ekspres. Përdorni pak për të shtresuar së bashku, më pas pjesën tjetër e shpërndani trashë sipër dhe anët e tortës. Mbushni pjesën e sipërme me lajthi.

Ëmbëlsira me kupë me rrush të thatë

Bën 12

125 g/4 oz/1 filxhan miell që ngrihet vetë.
50 g/2 oz/¼ filxhan gjalpë ose margarinë

50 g/2 oz/¼ filxhan sheqer pluhur (shumë i imët).

30 ml/2 lugë gjelle rrush të thatë

1 vezë

30 ml/2 lugë gjelle qumësht të ftohtë

2,5 ml/½ lugë esencë vanilje (ekstrakt)

Sheqer pluhur (e ëmbëlsirave), për pluhurosje

Shosh miellin në një tas dhe lyejmë me gjalpë ose margarinë. Shtoni sheqerin dhe rrushin e thatë. Rrahim vezën me qumështin dhe esencën e vaniljes dhe përziejmë me pirun përbërësit e thatë, i përziejmë në brumë të butë pa i rrahur. Ndani mes 12 letrave për cupcake dhe vendosini gjashtë nga një në pllakën rrotulluese të mikrovalës. Mbulojeni lirshëm me letër kuzhine. Gatuani plotësisht për 2 minuta. Transferoni në një raft teli për tu ftohur. Pluhuroni me sheqer pluhur të situr kur të jetë i ftohtë. Ruani në një enë hermetike.

Ëmbëlsira me filxhan kokosi

Bën 12

Përgatiteni si për ëmbëlsirat e kupës me rrush të thatë, por zëvendësoni 25 ml/1½ lugë kokosi të tharë (të copëtuar) për rrushin e thatë dhe rrisni qumështin në 25 ml/1½ lugë gjelle.

Ëmbëlsira me çokollatë

Bën 12

Përgatiteni si për ëmbëlsirat e kupës me rrush të thatë, por zëvendësoni rrushin me 30 ml/2 lugë patate të skuqura çokollate.

Tortë me erëza me banane

Shërben 8

3 banane të mëdha të pjekura
175 g/6 oz/¾ filxhan margarinë dhe shkurtues të bardhë (shkurtim), në temperaturën e dhomës
175 g/6 oz/¾ filxhan sheqer kafe të errët

10 ml/2 lugë lugë pluhur pjekjeje

5 ml/1 lugë gjelle erëza të grira

225 g / 8 oz / 2 gota miell kafe të maltuar, si hambar

1 vezë e madhe, e rrahur

15 ml/1 lugë gjelle pekan të grirë

100 g/4 oz/2/3 filxhan hurma të copëtuara

Rreshtoni ngushtë bazën dhe anën e një enë sufleje me diametër 20 cm/8 me film ngjitës (mbështjellës plastik), duke e lënë të varet shumë pak mbi buzë. Qëroni bananen dhe grijeni mirë në një tas. Rrihni në të dyja yndyrat. Përzieni në sheqer. Shtoni pluhurin për pjekje dhe specin erëzash në miell. Përzieni përzierjen e bananes me vezën, arrat dhe hurmat duke përdorur një pirun. Përhapeni në mënyrë të barabartë në enën e përgatitur. E mbulojmë lirshëm me letër kuzhine dhe e kaurdisim për 11 minuta duke e kthyer enën tri herë. Lëreni të qëndrojë për 10 minuta. Transferoni në një raft teli që mban filmin ngjitës. Ftoheni plotësisht, më pas qëroni filmin dhe ruajeni tortën në një enë hermetike.

Tortë me erëza me banane me krem ananasi

Shërben 8

Bëni tortën me erëza me banane. Rreth 2 orë para se ta servirni, mbulojeni tortën me një glace të trashë (brucë) të bërë duke situr 175 g/6 oz/1 filxhan sheqer pluhur (të pastiçeri) në një tas dhe duke e përzier në një krem të ngjashëm me pastë me disa pika lëng ananasi. . Kur zihet, zbukurojeni me patate të skuqura bananeje të thata.

Krem me gjalpë akullore

Bën 225 g/8 oz/1 filxhan

75 g/3 oz/1/3 filxhan gjalpë, në temperaturën e kuzhinës
175 g/6 oz/1 filxhan sheqer pluhur (konfeksione), i situr
10 ml/2 lugë qumësht të ftohtë
5 ml/1 lugë esencë vanilje (ekstrakt)
Sheqer pluhur (e ëmbëlsirave), për pluhurosje (opsionale)

Rrihni gjalpin derisa të zbardhet, më pas përzieni gradualisht me sheqerin derisa të zbutet, të zbutet dhe të dyfishohet në vëllim. Përziejmë qumështin dhe esencën e vaniljes dhe rrahim kremin derisa të bëhet i butë dhe i trashë.

Krem me krem me çokollatë

Bën 350 g/12 oz/1½ filxhan

Një krem në stilin amerikan që është i dobishëm për të mbushur çdo tortë të thjeshtë.

30 ml/2 lugë gjelle gjalpë ose margarinë
60 ml/4 lugë qumësht
30 ml/2 lugë gjelle pluhur kakao (çokollatë pa sheqer).

5 ml/1 lugë esencë vanilje (ekstrakt)
300 g/10 oz/12/3 filxhan sheqer pluhur (të ëmbëlsirave), i situr

Në një enë vendosim gjalpin ose margarinën, qumështin, kakaon dhe esencën e vaniljes. Gatuani, pa mbuluar, në shkrirje për 4 minuta derisa të nxehet dhe yndyra të jetë shkrirë. Rrihni sheqerin pluhur të situr derisa kremja të jetë e qetë dhe mjaft e trashë. Përdoreni menjëherë.

Pyka për shëndetin e frutave

Bën 8

100 g/3½ oz unaza molle të thata
75 g/3 oz/¾ filxhan miell integral që rritet vetë
75 g/3 oz/¾ filxhan tërshërë
75 g/3 oz/2/3 filxhan margarinë
75 g/3 oz/2/3 filxhan sheqer kafe të errët
6 kumbulla të thata kaliforniane, të copëtuara

Zhytini unazat e mollës në ujë gjatë natës. Rreshtoni ngushtë bazën dhe anën e një ene të cekët me diametër 18 cm/7 me film ngjitës (mbështjellës plastik), duke e lënë të varet shumë pak mbi buzë. Hidhni miellin dhe tërshërën në një tas, shtoni margarinën dhe fërkojeni me majat e gishtave. Përzieni sheqerin për të bërë një përzierje të thërrmuar. Përhapeni gjysmën e bazës së pjatës së përgatitur. I kullojmë dhe i presim rrathët e mollës. Shtypni butësisht kumbullat e thata mbi përzierjen e tërshërës. Spërkateni pjesën tjetër të përzierjes së tërshërës në mënyrë të barabartë sipër. Gatuani, pa mbuluar, të plota për 5½–6 minuta. Lëreni të ftohet plotësisht në enë. Rrotulloni duke mbajtur filmin, më pas hiqni filmin e kapjes dhe priteni në copa. Ruani në një enë hermetike.

Kajsi Fruta Shëndeti Wedges

Bën 8

Megjithatë, përgatituni si për Health Fruit Wedges

zëvendësoni kumbullat e thata me 6 kajsi të thata, të lara mirë.

Bukë e shkurtër

Bën 12 pykë

225 g/8 oz/1 filxhan gjalpë (i ëmbël) pa kripë, në temperaturën e kuzhinës
125 g/4 oz/½ filxhan sheqer (shumë i hollë), plus shtesë për spërkatje
350 g/12 oz/3 gota miell të thjeshtë (të gjitha qëllimet).

Gri dhe vija bazën e një pjate të thellë me diametër 20 cm/8. Përziejini së bashku gjalpin dhe sheqerin derisa të zbuten dhe të bëhen me gëzof, më pas përzieni miellin derisa të kombinohet njëtrajtshëm dhe i qetë. Përhapeni në mënyrë të barabartë në enën e përgatitur dhe merrni gjithçka me një pirun. Gatuani, pa mbuluar, në shkrirje për 20 minuta. Hiqeni nga mikrovala dhe spërkateni me 15 ml/1 lugë gjelle sheqer pluhur. Pritini në 12 pjesë kur është ende paksa e ngrohtë. Transferoni me kujdes në një raft teli dhe lëreni të ftohet plotësisht. Ruani në një enë hermetike.

Break ekstra crunchy

Bën 12 pykë

Përgatiteni si bukë e shkurtër, por zëvendësoni 25 g/1 oz/¼ filxhan bollgur (krem gruri) me 25 g/1 oz/¼ filxhan miell.

Bukë e shkurtër ekstra e lëmuar

Bën 12 pykë

Përgatiteni si buka e shkurtër, por zëvendësoni 25 g/1 oz/¼ filxhan miell misri me 25 g/1 oz/¼ filxhan miell.

Bukë e shkurtër pikante

Bën 12 pykë

Përgatiteni si buka e shkurtër, por hidhni 10 ml/2 lugë erëz të përzier (byrek me mollë) në miell.

Pemë e shkurtër e stilit holandez

Bën 12 pykë

Përgatiteni si për bukën e shkrirë, por miellin e thjeshtë zëvendësoni me miell që rritet vetë dhe hidhni në miell 10 ml/2 lugë kanellë të bluar. Përpara gatimit, lyejeni sipërfaqen me 15–30 ml/1–2 lugë gjelle krem, më pas shtypni butësisht mbi bajame të qëruara (të prera në feta) të thekura lehtë.

Topa kanelle

Bën 20

Një specialitet i Festivalit të Pashkëve, një përzierje midis një biskote dhe një torte, e cila duket se sillet më mirë në mikrovalë sesa kur piqet në një mënyrë konvencionale.

2 te bardha veze te medha
125 g/4 oz/½ filxhan sheqer pluhur (shumë i imët).
30 ml/2 lugë gjelle kanellë të bluar
225 g/8 oz/2 filxhanë bajame të bluara
Sheqer pluhur i situr (pasteciere).

Rrahim të bardhat e vezëve derisa të fillojnë të nxjerrin shkumë, më pas i përziejmë sheqerin, kanellën dhe bajamet. Me duar të lagura, rrotullojeni në 20 topa. Rendisni në dy rrathë, njërin brenda tjetrit, rreth buzës së një pjate të madhe të sheshtë. Gatuani, pa mbuluar, në Plotë për 8 minuta, duke e kthyer pjatën katër herë. Ftoheni në pak të ngrohtë, më pas mbështilleni në sheqer pluhur derisa secila të jetë e lyer shumë. Lëreni të ftohet plotësisht dhe ruajeni në një enë hermetike.

Snaps rakia e artë

Bën 14

Mjaft e vështirë për t'u bërë në mënyrë konvencionale, këto funksionojnë si një ëndërr në mikrovalë.

50 g/2 oz/¼ filxhan gjalpë
50 g/2 oz/1/6 filxhan shurup ari (misër i lehtë).
40 g/1½ oz/3 lugë gjelle sheqer të grimcuar të artë
40 g/1½ oz/1½ lugë gjelle miell kafe të maltuar, si hambar
2,5 ml/½ lugë e vogël xhenxhefil të bluar
150 ml/¼ pt/2/3 filxhan krem i dyfishtë (i rëndë) ose pana, i rrahur

Vendosni gjalpin në një enë dhe shkrini, pa mbuluar, në shkrirje për 2–2½ minuta. Shtoni shurupin dhe sheqerin dhe përziejini mirë. Gatuani, pa mbuluar, të plota për 1 minutë. Përzieni miellin dhe xhenxhefilin. Vendosni katër lugë 5 ml/1 lugë çaji të përzierjes të ndara mirë drejtpërsëdrejti në gotën e mikrovalës ose në pllakën rrotulluese plastike. Gatuani tërësisht për 1½–1¾ minuta derisa rakia të fillojë të skuqet dhe të duket si dantella sipër. Hiqeni me kujdes pllakën rrotulluese nga mikrovala dhe lërini biskotat të qëndrojnë për 5 minuta. Hiqni secilën me radhë me ndihmën e një thike palete. Rrokullisni dorezën e një luge të madhe prej druri. Shtypni gishtat së bashku me majat e gishtave dhe rrëshqisni në skajin e tasit të lugës. Përsëriteni me tre biskotat e mbetura. Kur themelohet, hiqeni nga doreza dhe transferojeni në një raft ftohës me tela. Përsëriteni derisa të përdoret përzierja e mbetur. Ruani në një enë hermetike. Përpara se të hani, vendosni krem të trashë në të dy skajet e secilës raki dhe hani në të njëjtën ditë kur zbutet në këmbë.

Snaps raki me çokollatë

Bën 14

Përgatituni si Golden Brandy Snaps. Përpara se ta mbushni me krem, rregulloni në një tepsi dhe lyeni sipërfaqen e sipërme me çokollatë të zezë ose vezë të shkrirë. E lemë të qëndrojë dhe më pas shtojmë kremin.

Scones simite

Bën rreth 8

Një ndërthurje midis një simite dhe një simite, këto janë jashtëzakonisht të lehta dhe bëjnë një ëmbëlsirë të shijshme të ngrënë ende të ngrohtë, të lyer me gjalpë dhe një zgjedhje reçeli (të konservuar) ose mjaltë.

225 g/8 oz/2 gota miell integral
5 ml/1 lugë çaji krem tartar
5 ml/1 lugë çaji bikarbonat sodë (sode buke)
1,5 ml/¼ lugë e vogël kripë
20 ml/4 lugë sheqer pluhur (shumë i imët).
25 g/1 oz/2 lugë gjelle gjalpë ose margarinë
150 ml/¼ pt/2/3 filxhan dhallë, ose zëvendësoni një përzierje me gjysmë kosi të thjeshtë dhe gjysmë qumësht të skremuar nëse nuk disponohet
Vezë e rrahur, për larje
Shtoni 5 ml/1 lugë sheqer të përzier me 2,5 ml/½ lugë kanellë të bluar, për spërkatje.

Shoshni së bashku miellin, ajkën e tartarit, bikarbonatin e sodës dhe kripën në një enë. Hidhni sheqerin dhe lyejeni imët në gjalpë ose margarinë. Shtoni dhallën (ose zëvendësuesin) dhe përzieni me një pirun për të formuar një brumë mjaft të butë. Kthejeni në një sipërfaqe të lyer me miell dhe gatuajeni shpejt dhe lehtë derisa të jetë e qetë. Shtypeni në mënyrë të barabartë deri në 1 cm/½ në trashësi, më pas priteni në formë rrumbullake me një prerës biskotash 5 cm/2. Rrotulloni përsëri prerjet dhe vazhdoni t'i prisni në rrumbullakët. Vendoseni në buzë të një enë të sheshtë të lyer me gjalpë 25 cm/10.

Lyejeni me të bardhë veze dhe spërkatni me përzierjen e sheqerit dhe kanellës. Gatuani, pa mbuluar, në Fryrë për 4 minuta, duke e kthyer pjatën katër herë. Lëreni të qëndrojë për 4 minuta, më pas transferojeni në një raft teli. Hani sa është ende nxehtë.

Scones simite me rrush të thatë

Bën rreth 8

Përgatiteni si Bun Scones, por shtoni sheqerit 15 ml/1 lugë rrush i thatë.

Bukë

Çdo lëng i përdorur në bukën e tharmit duhet të jetë i vakët – jo i nxehtë apo i ftohtë. Mënyra më e mirë për të marrë temperaturën e duhur është të përzieni gjysmën e lëngut të vluar me gjysmën e lëngut të ftohtë. Nëse ndihet ende i ngrohtë kur zhyteni në nyjen e dytë të gishtit të vogël, ftohni pak përpara se ta përdorni. Lëngu që është shumë i nxehtë është më shumë problem sesa lëngu shumë i ftohtë pasi mund të vrasë majanë dhe të ndalojë bukën të rritet.

Brumë bazë për bukë të bardhë

Bën një bukë

Brumë buke e shpejtë për ata që e shijojnë pjekjen por nuk kanë kohë.

450 g / 1 lb / 4 gota miell i thjeshtë (bukë) i fortë
5 ml/1 lugë kripë
1 qese maja e thatë përzierje e lehtë
30 ml/2 lugë gjelle gjalpë, margarinë, shortening të bardhë (shkurtim) ose sallo
300 ml/½ pt/1 ¼ filxhan ujë të vakët

Shosh miellin dhe kripën në një tas. Ngroheni, pa mbuluar, në shkrirje për 1 minutë. Shtoni majanë dhe lyeni me yndyrë. Përzihet në një brumë me ujë. Ziejini në një sipërfaqe të lyer me miell derisa të jetë e lëmuar, elastike dhe jo më ngjitëse. Kthejeni në tas të pastruar dhe të tharë, por tani të lyer pak me yndyrë. Mbulojeni vetë tasin, jo brumin, me film ngjitës (mbështjellës plastik) dhe paloseni dy herë që të largohet avulli. Ngroheni në shkrirje për 1 minutë. Pushoni në mikrovalë për 5 minuta. Përsëriteni tre ose katër herë derisa brumi të dyfishohet në masë. Ziejeni përsëri shpejt, më pas përdorni si në recetat konvencionale ose në recetat e mikrovalës më poshtë.

Brumë bazë për bukë kafe

Bën një bukë

Ndiqni recetën për brumin bazë të bukës së bardhë, por në vend të miellit të fortë (të thjeshtë) të bukës përdorni një nga këto:
- gjysmë miell i bardhë dhe gjysmë miell integral
- miell gruri integral
- gjysmë elbi i plotë dhe gjysmë miell i bardhë
-

Brumë bazë për bukë qumështi

Bën një bukë

Ndiqni recetën për brumin bazë të bukës së bardhë, por në vend të ujit përdorni një nga sa vijon:
- qumësht i plotë i skremuar
- gjysmë qumësht i plotë dhe gjysmë ujë

Bukë Bap

Bën një bukë

Një bukë e butë, e lehtë me kore, e ngrënë më shumë në veri të Britanisë sesa në jug.

Sillni brumin bazë të bukës së bardhë, brumin bazë të bukës kafe ose brumin bazë të bukës së qumështit. Ziejeni shpejt dhe lehtë pas ngritjes së parë, më pas bëni një rrumbullakët me trashësi rreth 5 cm/2. Qëndroni në një pjatë të rrumbullakët të sheshtë me yndyrë dhe miell. E mbulojmë me letër kuzhine dhe e ngrohim në shkrirë për një minutë. Lëreni të pushojë për 4 minuta. Përsëriteni tre ose katër herë derisa brumi të dyfishohet në masë. Spërkateni me miell të bardhë ose kafe. Gatuani, pa mbuluar, të plota për 4 minuta. Ftoheni në një raft teli.

Bap Rolls

Bën 16

Sillni brumin bazë të bukës së bardhë, brumin bazë të bukës kafe ose brumin bazë të bukës së qumështit. Ziejeni shpejt dhe lehtë pas shtimit të parë, më pas ndajeni në mënyrë të barabartë në 16 pjesë. Formoni në formë të rrumbullakët të sheshtë. Vendosni tetë pjata në skajet e secilës prej dy pjatave të lyera me yndyrë dhe miell. Mbulojeni me letër kuzhine dhe gatuajeni, një pjatë nga një, në shkrirje për një minutë, më pas pushoni për 4 minuta dhe përsërisni tre ose katër herë derisa roletë të dyfishohen në madhësi. Spërkateni me miell të bardhë ose kafe. Gatuani, pa mbuluar, të plota për 4 minuta. Ftoheni në një raft teli.

Simite hamburgeri

Bën 12

Përgatiteni si për Rolls Bap, por ndani brumin në 12 copa në vend të 16. Vendosni gjashtë simite në buzë të secilës prej dy pjatave dhe gatuajeni sipas udhëzimeve.

Rolls Fruta Bap Sweet

Bën 16

Përgatiteni si për Rolls Bap, por shtoni 60 ml/4 lugë rrush të thatë dhe 30 ml/2 lugë gjelle sheqer pluhur (superfine) në përbërësit e thatë përpara se t'i përzieni në lëng.

Ndarje Cornish

Bën 16

Përgatiteni si për Rolls Bap, por mos i pudrosni sipër me miell para gatimit. Përgjysmoni kur të jetë ftohtë dhe mbusheni me krem të trashë ose krem të mpiksur dhe reçel luleshtrydhe ose mjedër (të konservuar). I pudrosni majat me sheqer pluhur të situr. Hani të njëjtën ditë.

Rrotulla të zbukuruara

Bën 16

Sillni brumin bazë të bukës së bardhë, brumin bazë të bukës kafe ose brumin bazë të bukës së qumështit. Ziejeni shpejt dhe lehtë pas shtimit të parë, më pas ndajeni në mënyrë të barabartë në 16 pjesë. Formoni katër pjesë në role të rrumbullakëta dhe prisni një të çarë në pjesën e sipërme të secilës. Rrokullisni katër pjesë në litarë, secila prej 20 cm/8 të gjatë dhe lidheni në një nyjë. Formoni katër copa në bukë për bebe Vienna dhe bëni tre të çara diagonale në secilën. Ndani secilën nga katër pjesët e mbetura në tre, rrotullojeni në litarë të ngushtë dhe gërshetoni së bashku. Të gjitha roletë i vendosim në një tepsi të lyer me yndyrë dhe miell dhe i lëmë në zjarr derisa të dyfishohen në masë. Lani sipërfaqen e vezëve dhe piqini në mënyrë konvencionale në 230°C/450°F/gaz pikën 8 për 15-20 minuta. Hiqini nga furra dhe transferojini rrotullat në një raft teli. dyqan në

Rolls me toppings

Bën 16

Përgatituni si Fancy Rolls. Pasi t'i lyeni majat e roleve me vezë, spërkatni me ndonjë nga sa vijon: farat e lulekuqes, farat e susamit të thekur, farat e koprës, tërshërë qull, grurë të çarë, djathë të fortë të grirë, kripë deti të trashë, kripë erëza sipas shijes.

Bukë e farës së qimnotit

Bën një bukë

Shtoni brumin bazë të bukës kafe, duke shtuar 10-15 ml/2-3 lugë fara qimnon tek përbërësit e thatë përpara se ta përzieni në lëng. Ziejeni lehtë pas shtimit të parë, më pas formoni një top. Vendoseni në një enë me tavë të rrumbullakët 450 ml/¾ pt/2 filxhan. E mbulojmë me letër kuzhine dhe e ngrohim në shkrirë për një minutë. Lëreni të pushojë për 4 minuta. Përsëriteni tre ose katër herë derisa brumi të dyfishohet në masë. Lyejeni me vezë të rrahur dhe spërkatni me kripë të trashë dhe/ose fara ekstra qimnon. E mbulojmë me letër kuzhine dhe e kaurdisim për 5 minuta duke e kthyer enën një herë. Gatuani plotësisht për 2 minuta të tjera. Lëreni për 15 minuta, më pas kaloni me kujdes në një raft teli.

Bukë thekre

Bën një bukë

Shtoni brumin bazë të bukës kafe, duke përdorur gjysmë miell gruri dhe gjysmë thekër. Piqni si një bukë Bap.

Bukë me vaj

Bën një bukë

Sillni brumin bazë të bukës së bardhë ose brumin bazë të bukës kafe, por zëvendësoni vajin e ullirit, kokosit ose lajthisë për yndyrnat e tjera. Nëse brumi mbetet në anën ngjitëse, punohet me pak miell shtesë. Gatuani si Bap Loaf.

Bukë italiane

Bën një bukë

Shtoni brumin bazë të bukës së bardhë, por zëvendësoni vajin e ullirit me yndyrat e tjera dhe shtoni 15 ml/1 lugë pesto të kuqe dhe 10 ml/2 lugë pure domate të thara në diell (pastë) me përbërësit e thatë përpara se ta përzieni në lëng. Gatuani si një bukë bap, lini 30 sekonda shtesë.

bukë spanjolle

Bën një bukë

Shtoni brumin bazë të bukës së bardhë, por zëvendësoni vajin e ullirit me yndyrat e tjera dhe shtoni 30 ml/2 lugë qepë të thata (në gjendje të thatë) dhe 12 ullinj të mbushur të copëtuar, përbërësit e thatë përpara se t'i përzieni në lëng. Gatuani si një bukë bap, lini 30 sekonda shtesë.

Bukë Tikka Masala

Bën një bukë

Shtoni brumin bazë të bukës së bardhë, por zëvendësoni vajin e shkrirë të gheit ose misrit me yndyrat e tjera dhe shtoni 15 ml/1 lugë gjelle përzierje erëzash tikka dhe farat nga 5 bishtaja të gjelbër të kardamomit tek përbërësit e thatë përpara se t'i përzieni në lëng. Gatuani si një bukë bap, lini 30 sekonda shtesë.

Bukë malti me fruta

Bën 2 bukë

450 g / 1 lb / 4 gota miell i thjeshtë (bukë) i fortë
10 ml/2 lugë kripë
1 qese maja e thatë përzierje e lehtë
60 ml/4 lugë gjelle rrush pa fara dhe rrush të thatë
60 ml/4 lugë ekstrakt elbi
15 ml/1 lugë gjelle e zezë (melasa)
25 g/1 oz/2 lugë gjelle gjalpë ose margarinë
45 ml/3 lugë qumësht i vakët i skremuar
150 ml/¼ pt/2/3 filxhan ujë të vakët
Gjalpë, për përhapje

Shosh miellin dhe kripën në një tas. Hidhni majanë dhe frutat e thata. Në një legen të vogël vendoseni ekstraktin e maltit, bishtin dhe gjalpin ose margarinën. Shkrini, pa mbuluar, në shkrirje për 3 minuta. Shtojini miellit me qumështin dhe aq ujë sa të bëhet një brumë i butë por jo ngjitës. Ziejini në një sipërfaqe të lyer me miell derisa të jetë e lëmuar, elastike dhe jo më ngjitëse. Ndani në dy pjesë të barabarta. Formojeni secilën që të përshtatet me një enë të rrumbullakët ose drejtkëndore 900 ml/1½ pt/3¾ filxhan. Mbuloni enët, jo brumin, me film ngjitës (plastik) dhe prisni dy herë që të largohet avulli. Ngroheni së bashku në shkrirje për një minutë. Lëreni të qëndrojë për 5 minuta. Përsëriteni tre ose katër herë derisa brumi të dyfishohet në masë. Hiqni filmin ngjitës. Vendosini enët krah për krah në mikrovalë dhe ziejini të pambuluara për 2 minuta. Ndryshoni pozicionin e enëve dhe gatuajeni edhe për 2 minuta të tjera. Përsëriteni edhe një herë. Lëreni të qëndrojë për 10 minuta. Përmbyseni në një raft teli. Ruajeni në një enë hermetike kur është plotësisht e ftohtë. Lëreni për një ditë përpara se ta prisni në feta dhe ta lyeni me gjalpë.

Bukë irlandeze me sode

Bën 4 bukë të vogla

200 ml/7 ml oz/i pakët 1 filxhan dhallë ose 60 ml/4 lugë çdo qumësht të skremuar dhe kos të thjeshtë
75 ml/5 lugë krem qumështi të plotë
350 g/12 oz/3 gota miell integral
125 g/4 oz/1 filxhan miell të thjeshtë (të gjitha qëllimet).
10 ml/2 lugë çaji bikarbonat sodë (sode buke)
5 ml/1 lugë çaji krem tartar
5 ml/1 lugë kripë
50 g/2 oz/¼ filxhan gjalpë, margarinë ose shkurtues të bardhë (shkurtim)

Lyeni me yndyrë tërësisht një pjatë darke 25cm/10cm. Përzieni së bashku dhallën ose zëvendësuesin dhe qumështin. Hidheni miellin integral në një tas dhe sitini miellin e thjeshtë, sode bikarbonat, kremin e tartarit dhe kripën. Fërkojeni yndyrën mirë. Shtoni lëngun përnjëherë dhe përzieni në një brumë të butë me një pirun. Gatuani shpejt me duar të lyera me miell derisa të jetë e qetë. Formojeni në një rrumbullakët 18 cm/7. Transferoni në qendër të pjatës. Pritini një kryq të thellë sipër me anën e pasme të një thike, më pas spërkatni lehtë me miell.

Mbulojeni lirshëm me letër kuzhine dhe ziejini plotësisht për 7 minuta. Buka do të ngrihet dhe do të përhapet. Lëreni të qëndrojë për 10 minuta. Hiqeni pjatën me ndihmën e një fete peshku dhe vendoseni në një raft teli. Ndani në katër pjesë kur të jetë ftohtë. dyqan në

Bukë sode me krunde

Bën 4 bukë të vogla

Përgatiteni si buka e sodës irlandeze, por shtoni 60 ml/4 lugë krunde të trashë përpara se ta përzieni në lëng.

Për të freskuar bukën e Riqit

Vendoseni bukën ose rrotullat në një qese letre kafe ose vendoseni midis shtresave të një peshqiri të pastër çaji (pecetë enësh) ose pecetë tavoline. Ngroheni në shkrirje derisa buka të ndihet paksa e ngrohtë në sipërfaqe. Hani menjëherë dhe mos e përsërisni me mbetjet e së njëjtës bukë.

pittas greke

Bën 4 bukë

Shtoni brumin bazë të bukës së bardhë. Ndani në katër pjesë të barabarta dhe gatuajeni secilën prej tyre lehtë në një top. Rrokullisni në ovale, secila prej 30 cm/12 në mes. Spërkateni lehtë me miell. Lagni skajet me ujë. Palosni secilën në gjysmë duke e sjellë skajin e sipërm mbi pjesën e poshtme. Shtypni skajet fort së bashku për të mbyllur. Vendoseni në një tepsi të lyer me yndyrë dhe miell. Piqini menjëherë në një furrë konvencionale në 230ºC/450ºF/gaz mark 8 për 20–25 minuta derisa bukët të jenë rritur mirë dhe të kenë ngjyrë kafe të artë të errët. Ftoheni në një raft teli. Lëreni derisa të ftohet, më pas hapeni dhe hani me ushqime të tjera të stilit grek.

Luftëtar i Qershisë në Port

Shërben 6

750 g/1½ lb qershi te konservuara me kokrra morello ne shurup te lehte, shurup te kulluar dhe te rezervuar
15 ml/1 lugë xhelatinë pluhur
45 ml/3 lugë gjelle sheqer pluhur (shumë i imët).
2,5 ml/½ lugë e vogël kanellë të bluar
Port i zi
Krem i dyfishtë (i rëndë), i rrahur dhe erëz i përzier (byrek me mollë), për dekorim

Hidhni 30 ml/2 lugë nga shurupi në një enë të madhe matëse. Hidhni xhelatinën dhe lëreni për 2 minuta që të zbutet. Mbulojeni me një disk dhe shkrini në shkrirje për 2 minuta. Përziejini për t'u siguruar që xhelatina të jetë shkrirë. Përzieni shurupin e mbetur të qershisë, sheqerin dhe kanellën. Shtoni deri në 450 ml/¾ pt/2 gota me port. Mbulojeni si më parë dhe ngroheni plotësisht për 2 minuta, duke e përzier tre herë, derisa lëngu të nxehet dhe sheqeri të jetë tretur. Transferoni në një legen 1,25 litër/2¼ pt/5½ filxhan dhe lëreni të ftohet. Mbulojeni dhe ftojeni derisa përzierja e xhelatinës të fillojë të trashet dhe vendoseni pak rreth anës së legenit. Palosni qershitë dhe ndajini në gjashtë pjata ëmbëlsire. Ftoheni derisa të ngurtësohet plotësisht. Dekoroni me krem të trashë dhe pluhur të përzier erëzash përpara se ta shërbeni.

Luftëtari i qershisë në musht

Shërben 6

Përgatiteni si në Qershitë me pelte në Port, por zëvendësoni mushtin e fortë të thatë për portën dhe 5 ml/1 lugë lugë lëvozhgë portokalli të grirë për kanellën.

Ananasi i zier

Shërben 8

225 g/8 oz/1 filxhan sheqer pluhur (shumë i imët).
150 ml/¼ pt/2/3 filxhan ujë të ftohtë
1 ananas i madh i freskët
6 karafil të tërë
5 cm/2 në një copë shkop kafe
1,5 ml/¼ lugë arrëmyshk i grirë
60 ml/4 lugë gjelle sheri mesatare të thatë
15 ml/1 lugë gjelle rum i errët
Biskota (biskota), për t'u shërbyer

Vendoseni sheqerin dhe ujin në një enë 2,5 litra/4½ pt/11 filxhan dhe përzieni mirë. Mbulojeni me një pjatë të madhe të përmbysur dhe gatuajeni në Plotë për 8 minuta për të bërë një shurup. Ndërkohë, qëroni dhe theroni ananasin dhe hiqni 'sytë' me majën e një qëruesi patatesh. Pritini në feta, më pas pritini fetat në copa. Shtoni në shurup me pjesën tjetër të përbërësve. Mbulojeni me film ngjitës (mbështjellës plastik) dhe palosni dy herë që të largohet avulli. Gatuani plotësisht për 10 minuta, duke e kthyer enën tre herë. Lëreni të qëndrojë për 8 minuta përpara se ta vendosni në pjata dhe ta hani me biskota krokante dhe me gjalpë.

Mulled Sharon Fruit

Shërben 8

Përgatiteni si pineapple mulled, por zëvendësoni ananasin me 8 çerek frutash sharon. Pasi të shtoni në shurup me përbërësit e tjerë, gatuajeni plotësisht për vetëm 5 minuta. Shijoni me raki në vend të rumit.

Pjeshkë të ziera

Shërben 8

Përgatiteni si pineapple mulled, por zëvendësoni ananasin 8 pjeshkë të mëdha të përgjysmuara dhe pa kore. Pasi të shtoni në shurup me përbërësit e tjerë, gatuajeni plotësisht për vetëm 5 minuta. Aromatizohet me liker portokalli në vend të rumit.

Dardhë rozë

Shërben 6

450 ml/¾ pt/2 gota verë roze
75 g/3 oz/1/3 filxhan sheqer (shumë i hollë).
6 dardha ëmbëlsirë, bishtat e mbetura sipër
30 ml/2 lugë miell misri
45 ml/3 lugë gjelle ujë të ftohtë
45 ml/3 lugë gjelle portë me ngjyrë kafe

Hidheni verën në një enë mjaft të thellë për të mbajtur të gjitha dardhat anash në një shtresë të vetme. Shtoni sheqerin dhe përziejini mirë. Gatuani, pa mbuluar, të plota për 3 minuta. Nderkohe qerojme dardhat duke bere kujdes qe te mos humbasin bishtat. Rregullojini anash tyre në përzierjen e verës dhe sheqerit. Mbulojeni me film ngjitës (mbështjellës plastik) dhe paloseni dy herë që të largohet avulli. Gatuani plotësisht për 4 minuta. I kthejmë dardhat me dy lugë. Mbulojeni si më parë dhe gatuajeni për 4 minuta të tjera. Lëreni të qëndrojë për 5 minuta. Rirregulloni drejt në pjatën e servirjes. Për të trashur salcën, përzieni miellin e misrit me ujin dhe përzieni në port. Përzieni përzierjen e verës. Gatuani, pa mbuluar, në Plotë për 5 minuta, duke e përzier fuqishëm çdo minutë derisa të trashet dhe bëhet e qartë. Hidhni sipër dardhat dhe shërbejini të ngrohta ose të ftohta.

Puding për Krishtlindje

Përgatitni 2 pudinga, secila prej 6–8

65 g/2½ oz miell i thjeshtë (për të gjitha qëllimet).
15 ml/1 lugë kakao pluhur (çokollatë pa sheqer).
10 ml/2 lugë erëz të përzier (byrek me mollë) ose speca të grirë
5 ml/1 lugë lugë e grirë lëvore portokalli ose mandarine
75 g/3 oz/1½ filxhan bukë të freskët kafe
125 g/4 oz/½ filxhan sheqer të butë kafe të errët
450 g/1 lb/4 gota fruta të thata të përziera (përzierje për kek frutash)
me lëvozhgë
125 g/4 oz/1 filxhan supet e copëtuar (vegjetarian nëse preferohet)
2 vezë të mëdha, në temperaturë ambienti
15 ml/1 lugë gjelle e zezë (melasa)
60 ml/4 lugë gjelle Guinness
15 ml/1 lugë gjelle qumësht

Lyeni mirë dy enë pudingu 900 ml/1½ pt/3¾ filxhan. Shosh miellin, kakaon dhe erëzat në një tas të madh. Hidhni koren, thërrimet e bukës, sheqerin, frutat dhe supetin. Në një tas të veçantë, rrihni së bashku vezët, bishtin, Guinness dhe qumështin. Përziejini përbërësit e thatë me një pirun për të bërë një përzierje të butë. Ndani në mënyrë të barabartë midis legenëve të përgatitur. Secilin e mbulojmë lirshëm me letër kuzhine. Gatuani, një nga një, në të plotë për 4 minuta. Lëreni të qëndrojë për 3 minuta brenda në mikrovalë. Gatuani çdo puding në Plotë për 2 minuta të tjera. Hiqeni nga legenët kur të ftohet. Kur të jetë ftohur, mbështilleni me një trashësi të dyfishtë letër yndyre (dylli) dhe ngrini derisa të nevojitet. Për ta servirur, shkrini plotësisht, priteni në pjesë dhe ngroheni individualisht në pjata për 50-60 sekonda.

Puding me gjalpë kumbulle

Përgatitni 2 pudinga, secila prej 6–8

Përgatiteni si për pudingun e Krishtlindjeve, por zëvendësoni 125 g/4 oz/½ filxhan gjalpë të shkrirë për suetin.

Puding me kumbulla me vaj

Përgatitni 2 pudinga, secila prej 6–8

Përgatiteni si për pudingun e Krishtlindjeve, por zëvendësoni 75 ml/5 lugë luledielli ose vaj misri për suet. Shtoni 15 ml/1 lugë gjelle qumësht shtesë.

Sufle frutash në gota

Shërben 6

400 g/14 oz/1 kanaçe e madhe mbushje me çdo fruta
3 vezë të ndara
90 ml/6 lugë krem pa rrahur

Hidhni me lugë mbushjen e frutave në një tas dhe përzieni me të verdhat e vezëve. Rrihni të bardhat e vezëve deri në maja të ngurtësuara dhe futini lehtë në përzierjen e frutave derisa të kombinohen mirë. Hidheni përzierjen me lugë në mënyrë të barabartë në gjashtë gota verë me kërcell (jo kristal) derisa të mbushen gjysmë. Gatuani në çifte në shkrirje për 3 minuta. Përzierja duhet të ngrihet në sipërfaqen e çdo filxhani, por do të zhytet pak kur të hiqet nga furra. Bëni një të çarë në secilën prej tyre me një thikë. Lugë 15 ml/1 lugë krem mbi secilën. Do të shkojë nga anët e syzeve te bazat. Shërbejeni menjëherë.

Puding pothuajse i menjëhershëm i Krishtlindjeve

Përgatit 2 pudinga, secili porcion 8

Absolutisht të shkëlqyera, jashtëzakonisht të pasura, me ton të thellë, me fruta dhe piqen shpejt, kështu që nuk duhet të bëhen javë përpara. Mbushja e frutave të konservuara është elementi kryesor këtu dhe përfaqëson suksesin e pandërprerë të pudingave.

225 g/8 oz/4 filxhanë bukë të freskët të bardhë
125 g/4 oz/1 filxhan miell të thjeshtë (të gjitha qëllimet).
12,5 ml/2½ lugë gjelle erëza të grira
175 g/6 oz/¾ filxhan sheqer kafe të errët
275 g/10 oz/2¼ filxhan suet të grirë imët (vegjetarian nëse preferohet)
675 g/1½ paund/4 gota fruta të thata të përziera (përzierje për kek frutash)
3 vezë të rrahura mirë
400 g / 14 oz / 1 kanaçe e madhe mbushje me fruta qershie
30 ml/2 lugë gjelle e zezë (melasa)

Krem holandez për blender gjalpi ose krem pana, për t'u shërbyer.

Lyeni mirë dy enë pudingu 900 ml/1½ pt/3¾ filxhan. Hidhni thërrimet e bukës në një enë dhe shoshni miellin dhe erëzat. Shtoni sheqerin, supetin dhe frutat e thata. Përziejini në një përzierje mjaft të butë me vezët, mbushjen e frutave dhe kërpudhat. Ndani mes legenëve të përgatitur dhe mbulojeni secilin me letër kuzhine. Gatuani, një nga një, në të plotë për 6 minuta. Lëreni të qëndrojë për 5 minuta brenda në mikrovalë. Gatuani çdo puding në Plotë për 3 minuta të tjera, duke e kthyer legenin dy herë. Hiqeni nga legenët kur të ftohet. Kur të jetë ftohtë, mbështilleni me letër dylli dhe vendoseni në frigorifer derisa të nevojitet. Pritini në pjesë dhe ngroheni siç tregohet në grafikun e ushqimit të përshtatshëm. Shërbejeni me blender ose krem pana.

www.ingramcontent.com/pod-product-compliance
Lightning Source LLC
Chambersburg PA
CBHW070055110526
44587CB00013BB/1626